In copertina:

PIETER BRUEGEL IL VECCHIO, *La parabola dei ciechi.*

Revisione del testo a cura di

Lorena Caccamo
sito: servizieditorialiloreca.wordpress.com
email: loreservizieditoriali@gmail.com

© 2019 Il Terebinto Edizioni
Sede legale: Via degli Imbimbo, n. 8, Scala E
83100 Avellino
tel. 340/6862179
e-mail: terebinto.edizioni@gmail.com
www.ilterebintoedizioni.it

Mario Gabriele Giordano

UN MONDO SENZA PADRI

Prefazione di
Francesco D'Episcopo

*A mio fratello Benito,
padre esemplare.*

PREFAZIONE

IL FUTURO DEL PASSATO

"Riscontri", la rivista alla quale abbiamo dedicato da sempre particolare attenzione e amore, compie nel 2019 ben quarant'anni e, grazie al nuovo Direttore, Ettore Barra, sta seriamente continuando il proprio cammino. Ora mi fa sinceramente piacere che Mario Gabriele Giordano, suo storico Fondatore e Direttore, mi abbia scelto come prefatore alla sua presente raccolta di editoriali, unendomi, in questo compito, ad altri precedenti e autorevoli rappresentanti del mondo letterario nazionale.

Io, forse, a differenza di loro, ho avuto il privilegio di conoscerlo più da vicino, di essergli amico affettuoso e, quindi, di sperimentare aspetti della sua personalità, che emergono con evidenza dagli scritti, per chi sa ovviamente coglierli, ma soprattutto dalla vita, come insegnava l'irpino e concreto Francesco De Sanctis, dai discorsi che si fanno da vicino, guardandosi negli occhi, magari mangiando alla stessa mensa; persino dai viaggi che, per motivi culturali, si è stati indotti a compiere felicemente insieme, per chiudere un fascicolo della rivista o per assolvere un comune dovere, scambiandoci pareri, opinioni, impressioni ma, soprattutto valori, quelli che vibrano con forza in questi editoriali.

A tal punto, devo confessare che ho sempre condiviso la necessità di metterli insieme, restando convinto che se non si pubblica non si esiste e che, per quanto possibile, bisogna raccogliere alcune delle nostre vite in libri che restano, per una testimonianza, che rischierebbe altrimenti di andare dispersa. Certamente, Mario Gabriele e il giovane editore, Ettore Barra, sorrideranno e, credo, condivideranno le convinzioni qui esposte, le quali vengono da un uomo che molto ha scritto e molto si è occupato di editoria, soprattutto meridionale.

Ma veniamo al testo qui proposto, il quale conferma in pieno quanto si è finora accennato.

Chi sono "i padri"? Sicuramente quelli che ci hanno biologicamente generato e ci hanno aiutato e insegnato a vivere. E nel campo della cultura? Si chiede giustamente Giordano, quali personaggi possono oggi ritenersi davvero degni di questo appellativo?

Ed è qui che gli editoriali del nostro amico affondano il bisturi onesto e profondo, denunziando l'assenza di "una retta ragione", che guidi l'agire degli uomini; del "senso dell'appartenenza" alle radici e ragioni del proprio essere appartenenti a una nazione; il trionfo dell'economia, che sta trasformando il mondo, rendendolo sempre più anaffettivo e corrotto; la trascuratezza verso una Costituzione, che è la migliore del mondo e che ha fatto da guida concreta e ideale a Costituzioni internazionali ben più conosciute e operative (viva il nostro meridionale Gaetano Filangieri!); il rifugio in droghe, che non sono solo quelle che si assumono oralmente ma sono la noia, l'indifferenza, la stupidità di gruppo; la perdita di identità per colpa della tecnologia, della comunicazione, affidata a computers, telefonini di ogni sorta, non sempre usati correttamente; e l'elenco potrebbe continuare.

Ma fermiamoci qui e condividiamo le ferme considerazioni del nostro autore, convinti, purtroppo, da "profeti disarmati", che le nostre parole potrebbero disperdersi al vento. Però, nonostante tutto, siamo altrettanto convinti che l'Italia sia più attenta di quanto possa sembrare e che esistano persone straordinarie, che consacrano, volontariamente, il loro tempo a rattoppare le mancanze di un sistema, non solo culturale, ma sociale.

Bisognerà organizzarsi e fare davvero rete, e non solo tecnologica, per dipanare le giustificate preoccupazioni di Mario Gabriele Giordano, tra l'altro, narratore, poeta e persino pittore, il quale ha sempre verificato le cose che ha detto e scritto sulla propria pelle e, in tal senso, l'appendice, che chiude il libro, rinvia a questioni anch'esse profondamente sentite e condivise.

La famiglia, come sosteneva il rinascimentale Leon Battista Alberti, nucleo sostanziale della società; la scuola, che dovrebbe formare gli operatori e professionisti del futuro; la cultura, cenerentola alla disperata ricerca di una miracolosa scarpetta, che la faccia tornare principessa della vita di tutti i giorni. Non possono essere che questi i punti di riferimento di un mondo, che mai come oggi potrebbe essere migliore se non fosse manzonianamente disperso, disgregato, sottoposto a sollecitazioni spesso malefiche, capaci di scatenare istinti ancora più bestiali di quelli degli animali.

Queste incursioni critiche di Giordano invitano, dunque, a recuperare la propria dignità, si direbbe, onora-

bilità per un Paese, il nostro, che continuiamo ad amare e rispettare e per il quale invochiamo amore e rispetto, oltre che dai partners europei, in verità, sempre più egoisti e isolazionisti, dal nostro stesso popolo, che dovrebbe leggere di più libri alternativi come questo, lasciando da parte libri, magari di grandi case editrici, di effimero ed episodico successo. Che la cultura torni finalmente a primeggiare su uno spettacolo, non sempre decoroso, della vita, della sua bellezza e umanità.

FRANCESCO D'EPISCOPO

AVVERTENZA

Conclusasi la prima serie di "Riscontri" col suo passaggio dalla Sabatia Editrice al Terebinto Edizioni e la nuova direzione di Ettore Barra, questo volume intende offrire ai lettori la raccolta degli *Editoriali* che, a firma dello scrivente, hanno di volta in volta aperto i fascicoli della Rivista nel corso del suo quarto decennio di vita nonché quello che, a ideale saldatura con la prima serie, ha aperto il primo fascicolo della nuova serie. Esso rappresenta quindi la continuazione e insieme la conclusione di quelli usciti nel 1998, con il titolo *Elogio dell'intolleranza. Venti anni di Riscontri (1979-1998)* e l'*Introduzione* di Franco Lanza, e nel 2009, con il titolo *Il tramonto dell'intellettuale* e la *Prefazione* di Ferruccio Monterosso, i quali proponevano un'analoga raccolta rispettivamente relativa al primo ventennio e al terzo decennio della Rivista.

I testi, ora come allora, se si esclude qualche sporadico ritocco, sono presentati nella loro forma originaria. Anche la loro successione cronologica è quella originaria secondo le indicazioni poste in calce a ciascuno di essi.

Gli stessi criteri sono seguiti per l'*Appendice* che raccoglie alcune note scritte, per così dire, dello stesso inchiostro degli *Editoriali* nel senso che, come questi, esse esprimono una netta presa di posizione di fronte a determinati fatti e comportamenti.

Le indicazioni cronologiche che non compaiono nella successione degli *Editoriali* sono quelle assegnate ai corrispondenti fascicoli monografici qui di seguito specificati e dall'ultimo dei quali è stato tratto il brano che, con il titolo *Tra giudizi e pregiudizi sul D'Annunzio*, chiude la raccolta:

Avvertenza

- G. TROISI, *Dante Troisi dalla guerra in Africa ai reticolati del Texas,* XXXII (2010), 1-2.
- F. D'EPISCOPO e M. G. GIORDANO (a cura di), *Sulla Via del Risorgimento. Studi per il 150°anniversario dell'unità d'Italia,* XXXIII (2011), 3-4.
- F. D'EPISCOPO, *D'Annunzio napoletano e antidannunzianesimo meridionale. A 150 dalla nascita e a 75 dalla morte del Poeta. Introduzione* di M. G. GIORDANO, XXXV (2013), 1-2.

Per quanto riguarda infine il titolo del volume, *Un mondo senza padri*, esso riprende quello del primo *Editoriale* della raccolta con evidente riferimento a una realtà storico-culturale priva di condivise valenze ideali e di affidabili punti di riferimento.

m.g.g.

UN MONDO SENZA PADRI

> Un cuore di padre
> è il capolavoro della natura.
> A. F. Prévost, *Manon Lescaut.*

UN MONDO SENZA PADRI

Nel 1850 così scriveva Herbert Spencer in *Statica sociale*:

> Nessuno può essere perfettamente libero finché non sono liberi tutti; nessuno può essere perfettamente morale finché non sono tutti morali; nessuno può essere perfettamente felice finché non tutti sono felici.

Con ogni evidenza, siccome è impensabile che mai tutti potranno essere liberi, mai tutti potranno essere morali, mai tutti potranno essere felici, è come dire che mai nessuno potrà essere perfettamente libero, mai nessuno potrà essere perfettamente morale, mai nessuno potrà essere perfettamente felice. Si tratta quindi di un'affermazione che parrebbe riflettere l'ottimismo evoluzionistico del filosofo inglese in un auspicio di assoluto trionfo della libertà, della moralità e della felicità e che invece, nella sua intrinseca amarezza, riflette in controluce una più ampia condizione umana e culturale che fu propria del tempo all'insegna del rigido scientismo positivistico.

La voce che proclama la sufficienza delle sole scienze per la soluzione di tutti i problemi dell'uomo crede infatti di sciogliere un peana di vittoria e può invece sciogliere una mesta trenodia di morte. Questo perché l'esclusivo dominio delle scienze, malgrado l'altissima nobiltà del loro codice culturale, in mancanza di un sistema di valori ispirato a quella superiore realtà che esse si rifiutano di considerare o che addirittura negano, potrebbe facilmente determinare non il trionfo ma la morte della vera libertà, che verrebbe a scadere in un distruttivo libertarismo auto-latrico; non il trionfo ma la morte della vera moralità, che verrebbe a scadere in un accomodante giustificazionismo; non infine il trionfo ma la morte della vera felicità, che verrebbe a scadere in un banale appagamento edonistico.

Ecco perché il Novecento, il quale porta in sé una forte impronta genetica del razionalismo scientistico sette-ottocentesco, a dispetto delle sue strepitose conquiste materiali ed economiche, si è consegnato alla storia come uno dei secoli più tragici e infelici che l'uomo abbia mai vissuto con le vessazioni delle sue dittature, la carneficina delle sue guerre, le stragi dei suoi terrorismi: tutti scempi che, insieme a tanti altri crudeli effetti di uno sconsolante vuoto morale, sono per altro risultati più sinistramente efficaci proprio in quanto perpetrati con l'ausilio dei sofisticati strumenti di offesa e di morte offerti dal progresso scientifico e tecnologico.

L'eredità del Novecento che il nuovo secolo ha raccolto è dunque tutt'altro che esaltante, e ciò non solo per le forme più vistose delle sue violenze e delle sue ingiustizie, che non potevano non imporsi alla comune attenzione, bensì anche per una serie di danni la cui gra-

Un mondo senza padri

vità è spesso sfuggita per superficialità di valutazione o per una progressiva assuefazione ai loro effetti soprattutto quando questi riguardano la sfera della cultura e della spiritualità tradizionalmente trascurata, se non disdegnata, in una società che mira al conseguimento di risultati tangibili e immediati.

Poco si considera, tra l'altro, il fatto che il Novecento ci ha lasciato un mondo senza padri. «Corona dei vecchi sono i figli dei figli, onore dei figli i loro padri»: è quanto nella *Bibbia* recitano i *Proverbi* ma è anche quanto, pur avendo rappresentato per millenni il principio base di una ordinata evoluzione generazionale, da tempo appare come un quadro sperduto in una realtà estremamente remota. In qualche modo, e con impressionante ampiezza proprio là dove la società è ritenuta maggiormente progredita, più che di padri, si deve ormai parlare di semplici genitori assumendo il termine nel suo stretto significato etimologico di coloro che hanno generato. E ciò in quanto, anche per effetto delle nuove e più complesse strutture sociali nonché delle nuove esigenze di lavoro e di vita, si assiste a una sorta di malinconica regressione verso il mondo animale nel quale la conclusione dell'indispensabile periodo di allevamento coincide con il distacco e il reciproco disconoscimento tra generante e generato. In realtà, il nome di padre si è andato progressivamente svuotando di quella ricca pregnanza di valori acquisita lungo il corso dei millenni con saldo riferimento al senso della responsabilità, dell'autorità e dell'amore per ridursi molto spesso a semplice termine giuridico-biologico.

«Frutto occasionale di un suo egoistico piacere, ho forse chiesto io a mio padre di farmi venire al mondo?»:

tacita o esplicita che sia, questa potrebbe essere oggi la spregiudicata risposta di un figlio cui venga per caso imputata mancanza di rispetto, di attenzione e di cura per il padre, e sarebbe una risposta in un certo qual modo spiazzante se considerata sul filo di una fredda e nuda razionalità: di quella razionalità, cioè, che, proprio perché fredda e nuda, quale purtroppo è presa a icona e specchio del nostro tempo, non poteva che gettare radici di indifferenza e di cinismo; di quella razionalità, inoltre, sulla cui scorta l'uomo moderno si è sentito orgogliosamente in grado di sfidare le leggi della natura, di proiettarsi verso gli ignoti orizzonti dell'universo ma, a causa di un concomitante infiacchimento della trascinante forza della passione, degli ideali e degli affetti, si è anche condannato a sentirsi smarrito e solo come in un deserto.

Comunque sia, anche al di fuori di situazioni e posizioni estreme, che i padri siano oggi sentiti dai figli come estranei al proprio mondo è fuori discussione. Bisogna però anche chiedersi dove starebbero oggi i padri che i figli dovrebbero seguire e onorare. Ormai, in larga misura, a distruggerne la figura sono essi stessi o perché incapaci di esercitare il proprio ruolo o perché, rinnegando ogni forma di responsabilità, battono strade diverse alla ricerca di improbabili paradisi di evasione e di piacere.

Ma il nome di padre, proprio in virtù dell'alta valenza acquisita nel tempo, ci richiama non solo alla ristretta realtà della famiglia bensì anche al più vasto quadro della realtà sociale quando, in senso estensivo, lo si voglia usare a indicare quelle rare e venerate figure che, per altezza d'ingegno e di dottrina, di umanità e di saggezza, di spiritualità e di rigore morale, assumono agli occhi di tutti un carisma tale da elevarle a imprescindibili punti di riferimento, a modelli a cui ispirarsi, a Maestri, insomma, da seguire e onorare. Ebbene, anche qui ci troviamo di fronte a un mondo senza padri. I piedistalli innalzati nel passato risultano tutti abbattuti. Il che non è in sé sempre negativo perché spesso i piedistalli servono a sollevare i personaggi per evitare che se ne scorgano i difetti. Ciò che invece è senz'altro negativo è la ragione di fondo di questa situazione che coincide con uno dei caratteri distintivi della modernità: la generalizzata tendenza a scambiare per cultura i suoi più vieti e triti cascami per cui molto spesso alti princìpi risultano inviliti in convinzioni e comportamenti poco congruenti come quando si afferma quell'altezzosa riluttanza a riconoscere il valore e i meriti altrui che parrebbe riflettere il senso dell'uguaglianza, della libertà, della rispettabilità individuale e che invece non riflette altro che povertà morale e intellettuale.

È vero d'altra parte che, anche qui, per quanto riguarda il presente, occorre chiedersi dove starebbero poi questi padri da seguire e onorare. A quale pensatore o scrittore, a quale artista o scienziato, a quale uomo di fede o di azione si potrebbero oggi attribuire tutte insieme quelle straordinarie qualità e virtù che possano farlo universalmente riconoscere come somma e specchiata autorità? Nel campo della cultura in particolare, in quello cioè che dovrebbe costituire il punto di irradiazione di ogni impulso rigeneratore, anche a seguito di un lungo asservimento alle ragioni della politica che ha rovesciato il naturale rapporto di ascendenza tra le due categorie, fatta salva l'eccezione di qualche solitario esempio di serietà e di credibilità, si muove un esercito di sgomitanti arrivisti. La ragione del fenomeno va dunque ricercata non tanto nei singoli comportamenti individuali quanto nel complesso quadro della realtà sociale che a sua volta ci richiama a una matrice culturale sostanzialmente priva di interesse per quanto non risponda a una logica di ben calcolato utilitarismo. E intanto il rifiuto o comunque l'assenza dei padri non può che determinare la rottura di quella continua e attiva verticalità di interazioni che è l'anima della storia la quale, sia a livello individuale che a livello collettivo, viene di conseguenza a configurarsi come una disordinata accumulazione di impulsi e di azioni.

In conclusione, va detto che se, come avverte Bertolt Brecht, «sventurata è la terra che ha bisogno di eroi», ancora più sventurata è la terra che è priva di padri.

XXXI (2009), 3-4

LA MALATTIA DELL'INTELLIGENZA

Chiunque ne parli o scriva non manca oggi di individuare nei diversi campi della realtà una condizione di crisi: crisi dei valori, crisi dell'organizzazione sociale, crisi della cultura, crisi della politica, crisi dell'economia. Non basta. Per ognuna di queste crisi di ordine generale se ne precisano numerose altre relativamente agli aspetti particolari delle singole aree: crisi del costume, crisi della famiglia, crisi della scuola, crisi dei partiti, crisi del mercato, e così via, di grado in grado, fino a disegnare un mondo tutto pullulante di crisi.

Ma è possibile che si siano contemporaneamente determinate tante diverse crisi in settori anche tra di loro estranei o non è per caso vero che la crisi sia una sola e che, rifluendo di ramo in ramo come linfa malata, stia rovinosamente minacciando la salute dell'intera pianta sociale? Certo, quando i frutti di una pianta avvizziscono tutti insieme senza che vi sia una riscontrabile causa esterna, è segno che a essere guasta è la radice. Ora, se la società civile ha una radice, questa va individuata nella sua cultura quando naturalmente per cultura non si intenda quella titolata e boriosa dell'Accademia, quella verbosa e petulante dei professori, quella speciosa e interessata dei cosiddetti intellettuali, quella esclusivamente strumentale dei vari profili professionali o anche quella alta e severa che riflette ingegno non comune e autentico amore per la scienza, ma si intenda bensì quella che si nutre in primo luogo di saggezza e di fondamentale eticità e che, al di là di ogni corredo di conoscenze, operi come equilibrato e coerente abito mentale; quella, in altre parole, che insegna semplicemente a vivere e che, dato il suo carattere di essenziale primalità, può idealmente costituire una sorta di cellula staminale dell'organismo sociale poiché, da elementare e indifferenziata, può risolversi nei più elevati e complessi atteggiamenti di vita e di pensiero.

Ciò premesso, per quanto assuma diversa forma e consistenza nei diversi settori e ai diversi livelli, è la crisi di questa cultura la linfa malata che sta infettando l'intera pianta sociale. Ma questa crisi da cosa è a sua volta determinata? Senza cedere all'infinito gioco dei perché nella catena delle cause e degli effetti, diciamo che il perché fondamentale consiste nel progressivo affievolimento della voce della ragione. Ma è «il sonno della ragione» che «produce mostri» denunciato già nel Settecento da Goya e ripreso nel Novecento da Brecht? No, perché sia il pittore spagnolo che il drammaturgo tedesco, anche se in contesti storico-culturali lontani e diversi, adottarono quella denuncia in rapporto a situazioni drammatiche ma contingenti, mentre il moderno «sonno della ragione», se così vogliamo ancora chiamarlo, è strutturale e persistente nell'attuale modo di vivere e di agire e si genera principalmente a causa di un uso sempre più invadente e spregiudicato dell'intelligenza che tende a coprire con la propria voce quella della ragione fin quasi a zittirla. Ne consegue tra l'altro che l'uomo, tradizionalmente definito animale ragionevole, dovrebbe essere oggi identificato solo come l'animale più intelligente con l'implicita ammissione che egli, considerato nel contesto di tutti gli esseri viventi, va sempre più perdendo la sua specificità, costituita per l'appunto dalla ragione, mentre non gli resta altro da vantare che un più alto grado di intelligenza, facoltà che diversamente configurata è comune a tutti gli animali.

Al netto del paradosso, l'affermazione non è priva di senso se si considera con un minimo di attenzione la natura della ragione e quella dell'intelligenza, qui ovviamente intese non come pure e astratte categorie ma in ordine al concreto comportamento umano o, meglio, l'una come avveduta ragionevolezza e non certo come fredda razionalità, l'altra non certo come supporto della facoltà speculativa ma come sottile strumento per la realizzazione di calcolati vantaggi. La ragione, infatti, non è soltanto, come la stessa intelligenza, capacità di comprendere e di stabilire connessioni logiche tra idee ed esperienze. È anche capacità di dominio e di indirizzo di pulsioni e di esigenze. Essa è perciò prudente, è paziente, è tollerante, è lungimirante, non disdegna il sacrificio e la rinunzia, è attenta al bene comune; è, in sostanza, affidabile bussola e motore di un corretto agire. L'intelligenza invece, lucida, fredda e penetrante come una lama, è implacabilmente fissa al proprio scopo, è quindi distaccata, è impassibile, è all'occorrenza sprezzante e deridente. Se dunque viene esercitata come valore assoluto, disciolta cioè da ogni facoltà equilibratrice e da ogni remora di carattere religioso, morale o semplicemente umano, se per giunta risulta inquinata da maligne intenzioni e incontrollate brame, se insomma si viene così a configurare una sorta di malattia dell'intelligenza, non c'è dubbio che essa, in cinica imperturbabilità, possa anche indurre alle azioni più scellerate in vista di un'ambita convenienza.

Ebbene, è all'insegna di questa intelligenza malata che oggi, in presenza di più raffinati strumenti operativi e di più ampi orizzonti di azione, si realizzano, con sempre maggiore frequenza, non solo riprovevoli comportamenti individuali, ma anche iniziative che su vasta scala sacrificano al vantaggio dei pochi il danno di intere comunità. Si pensi, per fare solo qualche esempio, a certe spregiudicate speculazioni finanziarie, al malaffare della politica politicante o anche, a voler toccare un campo solo in apparenza meno importante, alla disonestà intellettuale di tanti operatori della cultura, dello spettacolo e dell'arte che, inseguendo i vantaggi del consenso, anziché sostenere con decisione e coraggio le proprie convinzioni, preferiscono assecondare la malinconica china di un gusto sempre più sciatto e grossolano.

Per tutti questi motivi, una condotta intelligente non è di per sé anche ragionevole, mentre una condotta ragionevole è di per sé anche intelligente. E intanto basta guardarsi intorno per comprendere come oggi la condotta degli uomini sia in genere improntata più a un'intelligenza così intesa che a una retta ragione anche perché tutti vogliono apparire intelligenti senza sapere che, in fatto di intelligenza, l'esibizionismo è la più sicura prova di

La malattia dell'intelligenza

stupidità. Bisogna anzi aggiungere che questa voglia di apparire a tutti i costi intelligenti, quando soprattutto non lo si è, è essa stessa elemento e spia della crisi poiché, oltre che marcare di stupidità comportamenti e decisioni, spesso sfocia nella volgarità erroneamente sentita come manifestazione di sciolta libertà personale e sfocia inoltre nella presunzione di poter autonomamente gestire, secondo la propria "illuminata" valutazione, la complicata tabella dei diritti e dei doveri con l'ovvia dilatazione dei primi e l'altrettanto ovvia compressione dei secondi.

Molta presunta intelligenza, e quindi molta stupidità, e poca ragionevolezza sono, in conclusione, i caratteri della realtà in cui si è generata e di cui si nutre la crisi del nostro tempo. A evitare tuttavia che il discorso possa apparire come una moralistica nostalgia del passato, si riconosce non solo che la storia è per sua natura sistematica alternanza di crisi e di riprese ma in particolare che, quanto a egoismo, a violenza e a scelleratezze di ogni genere, i secoli che ci hanno preceduto possono sinistramente insegnare molto al nostro tempo che comunque quanto meno consente una vita più ordinata e sicura. Ciò però non toglie che in passato la ragione restava, per così dire, vigile e potenzialmente attiva, implicita com'era in certi princìpi cardine che, malgrado tutto, venivano universalmente considerati intoccabili e permanenti. Oggi invece sembra che, in termini sia pratici che teorici, il trionfante relativismo neghi addirittura la possibilità di stabilire, non diciamo dei princìpi, ma quanto meno di un'intesa quale che sia per cui le vecchie categorie del bene e del male, del lecito e dell'illecito, del bello e del brutto appaiono del tutto scomparse non solo come punti di riferimento collettivo ma anche all'interno della propria coscienza individuale. La considerazione che resta da fare di fronte a questo quadro è semplice. Tra il bene e il male, qualunque sia il modo in cui possano di volta in volta concretizzarsi e qualunque sia il campo che si voglia prendere in considerazione, quando l'uno prevale in maniera diffusa e decisa, l'altro, come a difendersi, si ritrae in piccole e remote realtà. È per questo che oggi, premendo da ogni parte il male della crisi, che non investe solo i grandi problemi dell'organizzazione sociale, della cultura, della politica, dell'economia, del costume, ma anche quelli non meno dolorosi dell'ordinaria vita quotidiana, è negli angoli nascosti, nelle pieghe della comune umanità che bisogna guardare per cogliervi e potenziare i germi di una necessaria ripresa. E ciò nella speranza che, una volta tanto, sia il bene a contagiare il male.

XXXII (2010), 3-4

IL TRASLOCO DELLE VIRTÙ

Va salutata con favore la vivacità che da qualche tempo anima, anche a livello giornalistico, dibattiti e discussioni che riguardano le condizioni generali del nostro tempo sia sotto il profilo culturale che sotto il profilo umano e civile. Si ha però l'impressione che spesso si scende a discutere di questioni francamente oziose, come quando, per esempio, si incrociano le armi, anche con una certa animosità, per stabilire se il fumetto è letteratura e, se lo è, a quale genere occorra apparentarlo o se il postmoderno è finito e, se è finito, a partire da quando, che è come interrogarsi sul sesso degli angeli. E intanto si trascurano altre questioni che, magari senza parere, caratterizzano di fatto il nostro mondo più di tanti altri fenomeni maggiormente conclamati e rivelano inoltre causa e natura di comportamenti altrimenti incomprensibili.

Una di queste questioni è quella che riguarda la scomparsa pressoché totale del senso dell'appartenenza che poi è anche senso della comunanza, fondamento di una plausibile identità, fonte di solidarietà umana e civile, motivo di distinzione e di orgoglio. Una palpabile prova è al presente da noi offerta dalla sostanziale indifferenza con cui si è vissuto il centocinquantesimo anniversario dell'Unità d'Italia che, per diversi motivi, molti hanno addirittura vissuto con lo stesso entusiasmo del soldato costretto sull'attenti a piantonare con le scarpe strette un sacro monumento. Si potrebbe osservare che anche il Pascoli di *Romagna* esce a un certo punto in quell'efficacissimo anacoluto: «io, la mia patria or è dove si vive», ma qui si esprime un sentimento di malinconico spaesamento, il nostalgico rimpianto di certezze perdute mentre l'indifferenza che oggi ci avvilisce è solo difetto di un preciso sentimento.

Fino a che tuttavia il difetto riguarda soltanto la manifestazione di un autentico sentimento patriottico, c'è da ricordare che non si è ancora pienamente riversata nella coscienza individuale e collettiva dei cittadini la consapevolezza di un'antica e ricca tradizione; che, per meglio dire, data la relativa brevità dell'esperienza unitaria e date inoltre le contrapposte orge della retorica e dell'antiretorica che nel cuore del Novecento hanno inquinato il clima civile e culturale, non si è ancora del tutto costituita quella superiore realtà, di natura eminentemente ideale, in cui confluiscono nazionalità e statualità e che per l'appunto si chiama "patria". Il fatto è però che la mancanza di questo senso dell'appartenenza si avverte anche in ambienti più ristretti che nulla hanno a che fare con quanto detto e che anzi, dalla regione alla provincia, dalle città ai paesi, dai villaggi alla campagna, per la presenza diretta e immediata di testimonianze e di stimolo in fatto di tradizioni, di costumi e perfino di paesaggio, di profumi e di colori, parrebbero i più adatti a generare ad-

Il trasloco delle virtù

dirittura una sorta di campanilismo più o meno allargato. Indice assai significativo di tutto ciò è l'atteggiamento che in genere si assume nei confronti del dialetto locale. Avvertito come degradante segno di un legame con realtà sociali e ambientali gettate frettolosamente alle spalle, esso viene infatti rinnegato non solo nell'uso ma anche nella semplice conoscenza. Connessa a questa ubbia è poi quella relativa alla propria pronuncia originaria che, avvertita essa stessa come una degradante connotazione, nel tentativo di nobilitarla al cospetto di parlanti ritenuti superiori, viene spesso dissimulata attraverso ridevoli e affettate imitazioni. Si tratta naturalmente di ignoranti o esibizionisti ai quali sfugge che da noi ogni pronuncia ha la sua intrinseca dignità in quanto, malgrado contrarie ma meno convincenti opinioni, la situazione è quella prospettata da Giulio Ciro Lepschy quando sostiene che in Italia non esiste «una pronuncia "standard", diversa dalle pronunce regionali locali» e che quindi sono «accettabili come regolari, normali, le varie pronunce locali».

Un atteggiamento di altezzosa distinzione si avverte inoltre anche nei riguardi dei tanti segmenti in cui si articola la società e di cui magari si fa strutturalmente parte. La stessa famiglia, che da saldo e onorato fondamento della comunità umana si è in molti casi ridotta a litigiosa e anonima fornitrice di servizi, viene spesso guardata con sospettosa diffidenza. Sembra, in sostanza, che non ci sia istituzione o realtà che meriti di essere pienamente sentita come propria e non meriti invece di essere disdegnata o perché in sé inadeguata o perché oppressiva delle esigenze individuali. Ne deriva un piatto e diffuso disamore per il mondo che si ha intorno, un progressivo infiacchimento

Il trasloco delle virtù

della nostra umanità, di quella umanità che non si nutre di fumose idee e di occasionali esperienze ma trova il suo fondamento in stabili e coinvolgenti rapporti.

In termini generali, non c'è dubbio che a determinare questo stato di cose molto hanno contribuito anche fattori che, magari in sé positivi, esaltati nel loro rovescio si sono risolti in impreviste condizioni di vita: si pensi, a questo proposito, alla caduta di tante barriere politiche e sociali, alla straordinaria mobilità delle persone, all'accentuata indipendenza economica dei singoli, all'incondizionata libertà comportamentale. Ma il fattore più importante è di natura morale e culturale e consiste nell'individualistica esaltazione di se stessi che, innalzata al rango di ideale, induce al convincimento di una superiorità e quindi di una necessaria estraneità rispetto a qualsiasi contesto. In breve, ognuno si chiude a geloso custode di un proprio presunto valore e di una propria presunta dignità evitando con cura di apparire tributario o semplice partecipe di una qualsiasi aggregazione. È l'abusato, ma non per questo falso, discorso delle radici che, sempre allo scopo di accentuare una sorta di nobilitante eccellenza individuale, vengono oggi rinnegate con estrema facilità senza considerare che, come il passato, possono essere rinnegate ma non eliminate.

Guardato nel suo insieme, tutto questo potrebbe anche configurarsi come una normale svolta storica potenzialmente aperta a valide prospettive specie in ordine all'accentuazione del ruolo individuale delle persone e alla determinazione di nuovi valori. Già Socrate, del resto, diceva che, se qualcuno ti chiede di quale paese sei, non devi rispondere sono "ateniese" o "corinzio" bensì "cittadino del mondo". Solo che, a prescindere dal fatto che nella confusione di oggi sarebbe difficile stabilire di quale mondo si sarebbe cittadino, si ha l'impressione che, tra quelli che negano o disprezzano ogni tipo di appartenenza, i più, in effetti, al di là del loro convincimento, si trovano a recitare una parte che convince e soddisfa fino a che si resta soli con se stessi come a dialogare con la propria immagine riflessa in uno specchio e fino a che i concreti rapporti umani e sociali restano nella vaga sfera dell'immaginazione. Quando invece, finita la recita, si scende a praticare questi rapporti con la necessità del confronto e della competizione che essi comportano, quando insomma si atterra sul prosastico campo dell'interesse, è difficile trovare chi non rivendichi a proprio vantaggio significative ascendenze e appartenenze di tipo umano, politico e sociale. In questo caso, sembra che le qualità e le virtù necessarie a garantire alle persone successo e rinomanza, prima rivendicate come appannaggio esclusivamente personale, risultino traslocate presso gruppi di potere e comunelle che, in un gioco di reciproche convenienze, le amministrano e di volta in volta le assegnano al privilegiato di turno che di punto in bianco si trova a essere intelligente, onesto e competente. Ecco allora che in questo modo si comincia a dimenticare "chi" si è per cercare di capire "di chi" si può essere, "da chi" si proviene, "a chi" o "a che cosa" si appartiene.

Si racconta che il vecchio cancelliere Konrad Adenauer, trovandosi in un gruppo di signore che vantavano a gara le proprie ascendenze e da loro richiesto da chi egli discendesse, abbia seccamente risposto: «Signore, io non discendo. Io salgo»: è quanto dovrebbero coerentemente proclamare tutti quelli che esaltano la propria autonoma personalità. E invece per molti di loro l'effettivo desiderio non è altro che poter dimostrare di "appartenere" e di "discendere" con riferimento a favorevoli posizioni di carattere politico, sociale o di qualsiasi altra natura cedendo così a un perverso intreccio tra diverse sfere di decadenza e di corruzione che genera, in un rovinoso rovesciamento di valori, plateali ingiustizie e devastanti frustrazioni.

Il senso dell'appartenenza, allo stesso tempo negato ed esaltato, resta dunque impigliato in una palese contraddizione e, ciò che è peggio, risulta ugualmente deleterio per ciascuno dei termini della contraddizione perché da un lato si risolve in una condizione di impoverimento umano e civile, dall'altro si presenta come una delle piaghe più dolorose del nostro tempo dato che costringe a barattare con bassi compromessi un ideale che, per quanto in questo caso discutibile, conserva pur sempre la sua dignità di ideale.

XXXIII (2011), 1-2

IL QUADERNO DELLA CULTURA

Discutendo di ideologia e letteratura, Gao Xingjian, Premio Nobel per la letteratura nel 2000, si è di recente posto questo cruciale interrogativo:

> In che direzione sta andando oggi l'umanità, quando, in occasione della crisi economica e finanziaria mondiale, sono gli economisti a essere spinti per la prima volta sulla ribalta del pensiero e la filosofia a rimanere in silenzio?

ed ha aggiunto:

> In questa epoca, in cui la politica non dà tregua, la legge del profitto domina il mondo intero, e le brame degli uomini causano devastazioni ovunque, come ritrovare la poesia? Perché, per quanto riguarda la bellezza, essa ormai sembra solo un ricordo, pronto a sparire nell'oblio.

In verità, il poliedrico artista di origine cinese non è né il primo né il solo a lamentare il silenzio, se non addirittura la morte della filosofia e della poesia. Già, per esempio, nel 1988, uno studioso di ben diversa estrazione

Il quaderno della cultura

e di ben diversi interessi come Tullio De Mauro, nel definire una formula a cui l'ormai calante secolo XX potesse consegnare se stesso riassumendone e perpetuandone un senso, oltre che di

> liberazione dei popoli, massificazione, crollo degli imperialismi, integrazione globale, conquista della capacità di autodistruzione totale, scoperta dei limiti dello sviluppo, disastro ecologico planetario,

parlava in termini espliciti e categorici di

> morte dell'arte, morte della filosofia, morte di Satana, morte di Dio...

La cultura, in sostanza, ha cominciato ad avvertire in se stessa un vuoto pauroso che snatura il suo proprio senso e snatura intanto anche la generale dimensione dell'uomo che in essa e solo in essa trova insieme fondamento ed espressione. Si potrebbe anzi affermare che una cultura indotta comunque a registrare l'eclissi della filosofia e dell'arte non fa altro che registrare, oltre che la propria fine, una sorta di inversione nel processo dell'evoluzione storica e civile. Questo perché, al di là di ogni possibile distinzione di genere e di prospettiva, l'arte e la filosofia sono sbocchi diversi, ma paralleli e complementari, di una stessa sorgente, l'ansia cioè di conoscenza e di assoluto, e in quanto tali costituiscono insieme il nucleo originario e qualificante della cultura che a sua volta coincide con il nucleo originario e qualificante della stessa civilizzazione umana.

Naturalmente, quando si parla di morte della filosofia e dell'arte, qui come altrove, non s'intende denunciare il venir meno di un loro concreto e usuale esercizio poiché, come è evidente, si continua a fare filosofia e si continua a fare arte o, come forse è meglio dire, ci si illude o si finge di fare ancora filosofia e arte. C'è anzi da osservare che questo tipo di esercizio risulta oggi più ampio e più diffuso che nel passato. Fatte salve le opportune eccezioni, i due pilastri della cultura e della civiltà, ridotti da un lato a freddi schemi didattici e ritenuti dall'altro comodi campi di esibizionismo e di lucro, risultano infatti sostenuti e frequentati da folte schiere di presunti pensatori, di sedicenti poeti e scrittori, di maldestri pittori, di inattendibili architetti. Ciò che invece si intende denunciare è che, in altre parole, stante lo smarrimento o il consapevole tradimento della loro autentica identità, della filosofia e dell'arte, al di là del nome, è rimasto ben poco. Il che vuol dire che il cervello e il cuore dell'agire umano si sono fortemente impoveriti.

Il processo storico-culturale che ha condotto a questa situazione è naturalmente lungo e complesso e passa attraverso l'esasperato orgoglio razionalistico che ha mortificato la nobiltà dei sentimenti e degli ideali; attraverso il positivistico rifiuto del soprannaturale che ha chiuso l'uomo nell'angusta gabbia della sua materialità; attraverso l'orgia antitradizionalistica che ha strappato fatti e persone da ogni stabile contesto; attraverso ideologie che hanno guardato alla vicenda umana sotto un profilo esclusivamente economico; attraverso l'esaltazione di un cieco individualismo che ha fatto perdere il senso di una comune natura e di un comune destino. Si tratta, ben inteso, di fenomeni che, sotto molti altri aspetti, hanno tutti costituito tappe fondamentali della moderna evoluzione sociale e culturale ma che hanno anche lasciato come dei negativi sedimenti la cui stratificazione ha indurito la coscienza individuale e collettiva.

A prova di questo indurimento, in termini storici, c'è la ferocia, la vergognosa crudeltà che da qualche tempo a questa parte resta tragicamente scolpita negli annali con foschi caratteri mai prima conosciuti; in termini esistenziali, a dispetto di tanto egoismo e di tanta presunzione, c'è lo smarrimento, il senso di solitudine, l'inguaribile scontento che caratterizza la nostra vita. Senza contare che finanche il linguaggio, il costume, l'ordinario agire quotidiano, uniformati come sono a una rozza condotta utilitaristica, hanno perso il senso di quella grazia, di quel contegno che sono specchio di una limpida finezza interiore. È di fronte a un tale quadro che Gao Xingjian si chiede in che direzione sta andando oggi l'umanità con un interrogativo di evidente natura retorica che presuppone quindi una inequivocabile quanto drammatica risposta.

Ma basterebbe tornare alla filosofia e alla poesia per restituire all'umanità un migliore destino? In un certo senso, sì. Nel senso, cioè, che innanzi tutto la filosofia torni a essere filosofia e la poesia torni a essere poesia: il che vuol dire che da un lato il pensiero la smetta di essere totalmente assorbito dalle contingenti questioni della politica e del profitto per tornare a guardare alle cose anche sullo sfondo dell'assoluto e del perenne e dall'altro che l'attenzione di tutti la smetta di essere esclusivamente rivolta agli aspetti concreti e funzionali della realtà per aprirsi anche al disinteressato gusto del bello. Il tutto,

Il quaderno della cultura

in fondo, non significherebbe poi altro che il ripristino di un'autentica cultura che sconfigga la sottocultura e la pseudocultura oggi dominanti. Ed è promettente il fatto che da più parti si comincino a reclamare operazioni in questo senso come è avvenuto col "Manifesto per la Costituente della Cultura" pubblicato il 19 febbraio 2012 da "Il Sole 24 Ore".

Si tratta di un importante documento che, all'insegna dello slogan «Niente cultura, niente sviluppo», sostiene che occorre «una vera rivoluzione copernicana nel rapporto tra sviluppo e cultura» e che

> da "giacimenti di un passato glorioso", ora considerati ingombranti beni improduttivi da mantenere, i beni culturali e l'intera sfera della conoscenza devono tornare a essere determinanti per il consolidamento di una sfera pubblica democratica, per la crescita reale e per la rinascita dell'occupazione.

Il documento, che ha incontrato l'interesse, l'adesione e l'entusiastico compiacimento di numerosi intellettuali, rappresenta senza dubbio una positiva presa di coscienza della bassa considerazione di cui oggi gode la cultura e un altrettanto positivo tentativo di definire, attraverso una serie di riflessioni programmatiche, il ruolo trainante che essa può svolgere ai fini di un tangibile progresso all'interno della moderna società.

Esso tuttavia si muove pur sempre nell'ottica di una funzione strumentale della cultura, la quale viene così a essere da un lato esaltata e dall'altro ancora una volta mortificata perché intrinsecamente ridotta ad *ancilla* di altre categorie. In realtà, la cultura, quanto meno è pensata per produrre determinati effetti positivi, tanto più ne produce per il semplice fatto che in questo caso è autentica e, agendo per ciò stesso nel profondo della coscienza individuale, induce a operare, in consapevolezza e libertà, come mai si opererebbe sotto la spinta di sollecitazioni esterne.

La cultura, in definitiva, oltre che contribuire per sua natura a dissipare nel tempo ogni drammatica previsione sul destino dell'umanità, può senz'altro contribuire a promuovere, anche al presente, benessere e sviluppo: sempre a patto, però, che venga perseguita in primo luogo per se stessa, nella logica che presiede alla definizione di un principio assoluto. Il quaderno su cui essa deve scrivere non è infatti la mutevole sabbia della marginalità e dell'occasionalità bensì la duratura pagina degli alti valori e di uno stabile sapere.

XXXIV (2012), 1-2

LA VERA BANDIERA

È ormai diventato uno stucchevole ritornello quello che riguarda la Costituzione italiana e che si compone di due note perfettamente contrapposte per affermare da un lato che è bella, la più bella del mondo e dall'altro che è invece rovinosa tanto da richiedere una vera e propria riscrittura. Ma, probabilmente, essa è solo ovvia là dove enuncia, con minuziosa puntualità, i princìpi fondamentali mentre è per lo meno macchinosa e inadeguata là dove disegna l'ordinamento della Repubblica. Comunque sia, ciò che qui ci interessa è che, all'articolo 12, essa descrive con estrema precisione la nostra bandiera stabilendo che questa «è il tricolore italiano: verde, bianco e rosso, a tre bande verticali di uguali dimensioni». Se non stabilisce anche quale sia l'inno nazionale è forse perché all'epoca, caduta la Monarchia, era caduta anche la *Marcia reale* e, mentre non si poteva certo continuare a cantare «Bei Fanti di Savoia, gridate evviva il Re!», non si sapeva cosa ora cantare: chi proponeva *Bella ciao*, chi *La leggenda del Piave*, chi *Va pensiero*, chi altro e chi altro ancora. Nel Consiglio dei Ministri del 12 ottobre 1946, fu in ogni modo adottato come inno nazionale, ma solo in linea provvisoria, *Fratelli d'Italia* che, va detto, resta tuttora provvisorio anche se, con legge del 23 novembre 2012, è stato sancito l'obbligo di insegnarlo nelle scuole di ogni ordine e grado.

Tra Costituzione e legge ordinaria sono state comunque sistemate queste due rappresentazioni simboliche della Patria, la bandiera e l'inno nazionale. Non si è invece mai seriamente cercato di sistemare la vera bandiera, quella che non ha colori e non garrisce al vento ma costituisce il più diretto e vivo elemento identitario di un individuo come di un'intera nazione. Questa bandiera è la lingua che senza dubbio vale più di una coccarda da esibire o di un canto da levare in occasione di fatti memorabili. Essa è parte integrante della nostra più profonda essenza: ci definisce, ci esprime e ci rappresenta, e in termini non simbolici ma di viva e palpitante realtà. Non solo: ci accoglie e ci affratella in un unico luogo ideale dove, insieme con le radici, sono scritte le tradizioni, le sofferenze e le conquiste di un'intera comunità. Essa va quindi sentita e amata addirittura come «l'unica patria reale, l'unico suolo sul quale possiamo camminare, l'unica casa in cui possiamo fermarci e trovare riparo». Ad affermarlo in questi termini così pieni di significato è Michel Foucault cui fa da noi riscontro Raffaele La Capria con questa splendida annotazione:

> Ogni volta che riesco a comporre [...] una frase salda e tranquilla nella bella lingua che abito, e che è la mia patria, mi sembra di rifare l'Unità d'Italia.

Ebbene, non essendo dunque menzionata né tanto meno definita nella Carta costituzionale, la lingua italiana, mentre è tra le altre riconosciuta come ufficiale all'interno dell'Unione Europea, non lo è affatto in Patria. *È vero che l'ormai lontano 26 marzo 2007 la Camera dei Deputati approvò la proposta di legge costituzionale che integrava* l'articolo 12 della Carta con l'aggiunta dell'italiano quale lingua ufficiale della Repubblica. Ma il fatto che, dopo tanti anni, l'iter parlamentare non ha ancora avuto il suo completo espletamento con il voto del Senato e soprattutto che ormai nessuno più ne parla la dice lunga su quanto la cosa interessi a tutti i livelli. D'altronde, non esistono da noi organismi ufficiali che, come, per esempio, la Real Academia Española o l'Académie Française, siano chiamati a svolgere per la lingua un'azione normativa. L'Accademia della Crusca, a parte il fatto che dorme in genere sonni beati, ha finalità del tutto diverse che riguardano in particolare le problematiche storico-filologiche della lingua.

Ma tutto ciò non è il peggio. Il peggio è che in Italia una lingua antica e gloriosa come forse nessun'altra al mondo viene quotidianamente, più che trascurata, aggredita e vilipesa tanto da non far escludere la lontana prospettiva di una sua scomparsa. Essa in particolare è, per così dire, barattata, anche quando non vi è alcuna ragione plausibile, con uno scialbo e mal digerito inglese. Lasciamo stare il pappagallesco *okay* e tutti i simili esibizionismi provinciali che ormai circolano per tutte le bocche. Lasciamo anche stare il fatto che una quantità enorme di anglicismi usati per indicare fatti e funzioni di comune utilità rende ormai difficile la vita a chi non ha avuto la ventura di frequentare «la città dalle sognanti guglie» del Regno Unito. Ciò che è assolutamente intollerabile è la massiccia e sempre crescente adozione di tali elementi da parte di quel mondo della politica e delle istituzioni che, mentre dovrebbe erigere baluardi a difesa della nostra lingua, sembra in questo modo quasi voler conferire all'inglese quella ufficialità che non ha saputo o voluto conferire all'italiano in tutto il corso della storia repubblicana.

Quando, il 6 giugno 2000, un gruppo di parlamentari e di intellettuali presentò a Montecitorio un Manifesto in difesa della lingua italiana, l'allora Ministro della Pubblica Istruzione Tullio De Mauro, a sottolineare la sostanziale speciosità di quel manifesto, ebbe giustamente a dichiarare:

> Agli onorevoli in Parlamento giro questa domanda: Perché avete inventato il *question time*? E perché la televisione pubblica deve chiamare i suoi programmi educativi *Rai Education*? Insomma: perché i difensori della lingua non protestano anche contro questo?

Magari, però, fossimo rimasti al *question time* o alla *Rai Education* già allora denunciati dall'illustre studioso! Il fatto è che oggi, tra *welfare* e *spending review*, tra *devolution* e *public company*, tra *meeting* e *brainstorming*, tra *background* e chi più ne ha più ne metta di queste sciocche ostentazioni del tutto estranee alla lingua di altri paesi, si è giunti a un inquinamento sistematico e capillare dell'italiano. Anche in sede internazionale non mancano per altro nostri rappresentanti che, per quanto non obbligati, anziché esprimersi con naturalezza e orgoglio nella propria lingua, preferiscono prodursi in un inglese stentato e imparaticcio che spesso sa tanto di romanesco, di lombardo o di napoletano.

Da ultimo è poi venuta la geniale proposta di usare l'inglese come lingua esclusiva nell'insegnamento universitario. Per fortuna, una vera e propria sollevazione di professori e uomini di cultura ha preso corpo, oltre che in appelli, in un formale ricorso al Tar per l'annullamento della relativa delibera già adottata da qualche Senato accademico. Discutibile risulta intanto il commento alla vicenda espresso dal Ministro dell'Istruzione Francesco Profumo secondo cui «l'italiano penalizza la nostra capacità di attrarre studenti dall'estero». A questo ministro, come a tutti gli accademici animati dalla sua stessa preoccupazione, dopo aver consigliato di ripassarsi la classifica internazionale delle università, ci sarebbe da far osservare che la capacità di attrazione di ogni istituzione culturale è questione di eccellenza e non di lingua per cui molto meglio sarebbe impegnarsi perché l'università italiana possa sollevarsi dal fondo in cui la si è lasciata cadere e tornare a competere in efficacia e prestigio con le più qualificate università del mondo. In questo caso, invertendosi l'attuale rapporto, potrebbero essere gli studenti stranieri, anche se anglofoni, a dover apprendere l'italiano per poter frequentare con profitto le nostre ambite università.

Ma si dirà che comunque è la fatale avanzata dell'inglese. Meglio sarebbe invece dire che è la sciocca ritirata dell'italiano perché nessun'altra lingua conosce la sgretolante arrendevolezza della nostra. Forse da noi, oltre che per lo scarso senso civico dell'appartenenza che purtroppo ci distingue, proprio perché l'inglese si studia male e poco, si fa ricorso a ridevoli esibizioni usandone mal digeriti brandelli. In realtà, nessuno vuole qui negare la grande utilità e, in certi casi, l'assoluta necessità di una vera conoscenza dell'inglese che, al di là del naturale e sempre positivo processo delle interazioni linguistiche, al momento risponde a inderogabili e specifiche esigenze. Si tratta infatti della più diffusa lingua di riferimento che assolve oggi a livello internazionale il ruolo in qualche modo assolto ieri dal francese anche se mai con l'esclusiva pienezza del vecchio ma sempre vivo latino. Domani sarà certamente un'altra lingua ad assumere questo ruolo e non solo per effetto delle imprevedibili vicende storiche che ci attendono ma anche perché la diffusione stessa di una lingua, esponendola a diversi connubi e inquinamenti, ne spezza l'unità come del resto già ora sta avvenendo per lo stesso inglese che ormai vede quello nordamericano ben distinto, finanche nel lessico, da quello britannico. In ogni caso, però, un conto è attrezzarsi di tutti i necessari strumenti di comunicazione di volta in volta attivi, altro conto è non riconoscersi più nella propria lingua.

Ha quindi perfettamente ragione Andrea Camilleri quando parla di «una sorta di servitù volontaria e di assoggettamento inerte alla progressiva colonizzazione [linguistica] alla quale ci sottoponiamo» e quando osserva che una delle forme del provincialismo italiano, «antico nostro vizio», «è quella di credersi e di dimostrarsi non provinciali privilegiando aprioristicamente tutto ciò che non è italiano». Ebbene, chi si accontenta della condizione di servo e di provinciale continui pure a sputare sulla vera bandiera italiana; chi invece comincia ad avvertire in proposito qualche rossore la impugni e, senza alcuna contrapposta retorica, la tenga in alto con orgoglio e dignità.

XXXIV (2012), 3-4

CULTURA, SVAGO
E SOCIETÀ DI MASSA

Mai come nella realtà di oggi trova pieno e ampio riscontro l'affermazione di Hannah Arendt secondo cui «la società di massa non vuole cultura, ma svago». Il suo significato essenziale è d'altronde implicito nello stesso concetto di "massa" che non va confuso con quello di popolo o di gente. A dirlo alla buona, quando infatti si parla di popolo, si parla di un'entità collettiva ma articolata e cosciente nelle sue varie componenti; quando si parla di gente, si parla di un'entità analogamente collettiva con riferimento però a singoli e autonomi soggetti; quando invece si parla di massa, si parla di un'amorfa e indifferenziata aggregazione di individui privi in effetti di una reale personalità che assumono un significato e una funzione solo in quanto componenti di tale aggregazione. Schematizzando al massimo il tutto, si è così popolo quando si agisce in conformità delle ragioni della storia, si è gente quando si vive in una dimensione essenzialmente privata, si è invece massa quando, in maniera consapevole o inconsapevole, ci si spoglia della propria identità e ci si consegna a un gruppo in nome di un'astratta categoria ideologica.

Cultura, svago e società di massa

Ma la "società di massa" evocata dalla studiosa tedesca implica un'ulteriore caratteristica che, certamente già avvertibile ai suoi tempi, si è andata precisando con straordinaria accelerazione negli ultimi decenni fino a divenire, con la cosiddetta globalizzazione, un fenomeno assolutamente epocale. Ormai tutti attingono o possono attingere alle stesse fonti di informazione e di indirizzo; tutti assistono o possono assistere agli stessi spettacoli; tutti dispongono o possono disporre degli stessi prodotti e degli stessi strumenti di partecipazione e di azione; tutti infine si muovono o possono muoversi da un capo all'altro della terra. Naturalmente, quando si dice "tutti", si intende "i più", ma questi "più" non rispondono a una fissa e predeterminata categoria, costituiscono bensì una mobile e trasversale realtà che interessa l'intera organizzazione sociale.

Questo quadro comporta indubbi vantaggi nell'ambito delle concrete esigenze di vita tanto che il nostro tempo è stato spesso in tal senso definito il più felice della storia umana. Esso però significa, se non la completa estinzione, la forte attenuazione della categoria individuale, intesa quale reale e attiva autonomia di iniziativa e di giudizio, con la contrapposta omologazione dei gusti, delle tendenze e delle opportunità che, lasciando solo a ristrette élite incontrollati spazi di manovra, facilmente si risolve in forme di autoritarismo, di assolutismo e di egemonica prevaricazione. Nella società viene così a costituirsi una radicale dicotomia che, estremizzando il concetto, vede da un lato una grigia folla paga della sola prospettiva di una comoda banalità di vita e dall'altro una ristretta cerchia di persone pronte a costituirsi maestri e guide nell'intento, il più delle volte, di trarre ogni forma di vantaggio da una posizione di preminenza comunque acquisita.

Ebbene, è lungo l'esile fascia che divide queste due realtà del mondo moderno che, nascosta, trascurata e spesso perfino derisa e vilipesa, comunemente abita l'onesta e autentica cultura. Questa infatti non va confusa con la semplice istruzione di massa che, per quanto oggi si presenti, come fenomeno in sé altamente positivo, più accurata e più estesa che in passato, resta in genere pur sempre nei limiti di un corredo utile ma cognitivamente limitato nell'ambito, oltre tutto, di un contesto umano essenzialmente eterodiretto. Ma non va confusa neppure con le conoscenze, magari ampie e raffinate, quando queste vengono usate da interessate élite non come strumento di ulteriore arricchimento del pensiero e come elemento di generale progresso umano e intellettuale bensì come occasione di profitto e di potere poiché, in questo caso, se di cultura si vuol parlare, si deve parlare di cultura tradita.

Sta di fatto che in una società di massa, specialmente come oggi si presenta, le più alte mire degli individui sono rivolte alla comodità o al potere, finalità che entrambe escludono disinteressato gusto del sapere e amore per la cultura. Questa, infatti, se in virtù della sua specifica natura di essere pensante garantisce all'uomo il massimo del godimento intellettuale, comporta dedizione e sacrificio per la sua conquista senza per altro considerare che può anche promettere amarezza e sofferenza nel rendere più evidente allo sguardo l'umana miseria e nel rendere più decifrabile e inquietante il grido che proviene dalla storia e che minaccia di protrarsi per un incerto futuro.

Cultura, svago e società di massa

Ecco allora la spasmodica ricerca dello svago che, nelle forme e nello spirito con cui attualmente si presenta, non può essere collocato sulla scia dell'antico *Panem et circenses* o del borbonico *Feste, farina e forca* in quanto, più che alla logica di un rozzo *instrumentum regni*, esso attualmente si apparenta a una sorta di noia collettiva che non può non caratterizzare una piatta e disgregata società priva di effettive idealità e di profondi interessi. A dimostrarlo c'è, oltre tutto, il fatto che lo svago, pur essendo in cima alle moderne aspirazioni, ha perso ogni connotazione di intelligenza e di spirito creativo per divenire puro passatempo in forme per altro omologate e burocratizzate. Si comincia in questo senso già dal mondo dei bambini che, traditi nelle loro stupefacenti capacità inventive, sono stati del tutto privati dell'ingenua gioia della scoperta e ridotti a destinatari di un lucroso mercato di standardizzati fantasmi. Gli adulti, dal canto loro, non fanno che abbandonarsi sempre di più, con spirito passivo e conformistico, a convenzionali forme di presunto svago non traendone altro che un supplemento di noia quando lo svago, se vissuto come autonoma esperienza creativa, dovrebbe, per così dire, ricaricare di slancio e di energia la ripresa del consueto ritmo lavorativo.

Il fatto dunque è che la società di massa, che poi è insieme produzione di massa, consumi di massa, informazione di massa, opinione di massa, partiti di massa e così via all'infinito, non solo non vuole la cultura, come afferma Hannah Arendt, ma probabilmente non è neppure in grado di produrla quale frutto di appassionato quanto disinteressato impegno individuale. Se poi è vero che vuole solo svago, bisogna di riflesso convenire che, a ben pensarci, ancora qui non è forse neppure in grado di fornirlo se, per essere effettivamente tale, esso non può che garantire un distensivo godimento e intanto, come osserva Thomas Mann, «la capacità di godere richiede cultura».

Tutto ciò premesso, risulta perfettamente naturale il sistematico e progressivo disinteresse per la cultura che attualmente caratterizza la società. In linea di massima, il discorso tuttavia non riguarda quelle istituzioni che in suo nome agiscono di fatto come centri di potere o come campi di fruttuose speculazioni e che probabilmente, proprio per questo, anche se languono in ordine alle loro rette finalità, vengono a tutti i costi tenute in vita. Riguarda bensì quelle istituzioni che risultano chiuse a simili prospettive e che, anche quando basterebbe poco per tenerle in vita, vengono lasciate morire, come vengono senz'altro lasciate morire le piccole fiammelle che una volta davano luce anche agli angoli più remoti della provincia: le piccole biblioteche, le piccole riviste, le piccole case editrici, le piccole iniziative, magari pompose oltre i loro meriti effettivi e tuttavia ricche di suggerimenti e di stimoli. Al loro posto campeggiano oggi trionfalmente le affollate "cattedrali" e le sparse "pievi" del piacere e del divertimento.

La situazione generale comunque è tale che, se non occorre ancora invocare una salvezza, certamente occorre invocare un freno al corrivo tentativo di annullare l'identità, la dignità e la funzione dell'individuo in nome di astratte categorie che poi astratte non sono in quanto costituite e rette da ben precisi interessi. E la via da seguire, a difesa individuale e collettiva, è la promozione di un'avvertita capacità di giudizio che, unita a un'imprescindibile esigenza morale, altro poi non è che il fondamento e il coronamento di un'autentica cultura.

NIPOTI DI IERI
E NIPOTI DI DOMANI

Quello di dare il giusto valore alle cose solo quando se ne perde la piena fruibilità e quindi da comuni elementi d'uso esse diventano oggetto di nostalgico desiderio è un normale atteggiamento mentale verificabile in ogni momento e a ogni livello della realtà umana. A darne una recente prova nello specifico campo della corrispondenza privata è in atto un'originale iniziativa che chiama in causa il coinvolgente fenomeno di Internet.

La storia della Rete, come si sa, è relativamente breve eppure è tale da esibire, al di là dei risultati già ora straordinari, potenzialità addirittura stupefacenti. Si ammetterà però che tali potenzialità vengono spesso esaltate con un entusiasmo acritico e persino chiassoso che è l'esatto contrario di una meditata e complessiva valutazione del fenomeno. Quando, per esempio, si è diffusa l'allarmante notizia, per fortuna in seguito ridimensionata, che in Finlandia sarebbe stato bandito dalla scuola l'insegnamento della scrittura a mano a favore esclusivo di quella mediante computer, nessuno ha gridato allo scandalo e poco anzi è mancato che ancora una volta si esaltasse quella che sarebbe stata una rovinosa soluzione non solo didattica ma anche umana e sociale. Nessuno per altro potrebbe negare che, se con Internet l'interazione sociale può essere indefinitamente allargata, è anche vero che la cerchia entro cui essa è destinata a svolgersi, per quanto ampia, resta di fatto esclusiva essendo di necessità collegata al possesso di tecniche e di strumenti materiali di limitata disponibilità. Chi, con facile ottimismo e scambiando magari le proprie condizioni con quelle dell'intera umanità, preconizza una rapida e generalizzata disponibilità di queste tecniche e di questi strumenti, dovrebbe considerare che la scrittura, pur richiedendo mezzi certamente più modesti per essere praticata, a oltre cinque millenni dalla sua invenzione resta estranea a più di un quinto della popolazione della terra. Infatti, esiste ancora un esercito di analfabeti che supera il miliardo e non si comprende come almeno questo, senza contare i sempre numerosi alfabeti renitenti, possa in tempi brevi avvicinarsi all'affascinante ma sempre ambivalente mondo di Internet.

Un campo ristretto ma particolarmente esemplificativo di questa ambivalenza nel mondo della Rete è quello della posta elettronica. Questa speciale forma di corrispondenza, consentendo un notevole risparmio di tempo e di costi e presentando inoltre un'estrema duttilità d'impiego e di destinazione, ha conosciuto una rapida e amplissima diffusione determinando un fenomeno indicato come ritorno alla lettera. Questo perché la corrispondenza epistolare, dopo aver costituito per millenni l'unica possibile garanzia di vicinanza ideale e di colloquio tra persone lontane, parallelamente all'espandersi dell'uso del telefono e di altri mezzi di comunicazione, almeno al di fuori di certe ritualità strettamente pratiche, era andata sempre più perdendo funzione e importanza fin quasi a scomparire in tempi a noi vicini. Ma il fatto è che un'*e-mail* è cosa ben diversa dalla lettera tradizionale. Il messaggio a essa affidato, scomposto in innumerevoli impulsi e gettato così nella fulminea corsa di una invisibile autostrada informatica per essere all'istante ricomposto altrove, se si esclude il suo nudo contenuto concettuale, nei suoi complessi passaggi virtuali non conserva più nulla della vecchia lettera che recava fisicamente qualcosa della realtà da cui proveniva. Lo stesso messaggio risultava in essa arricchito e intensificato da una serie di elementi accessori che da soli bastavano talvolta a stabilire una sorta di sottile rapporto o a fornire evocativi richiami: se non l'impronta di una lacrima o la traccia di un profumo, il tratto più o meno disteso della grafia che tradiva di per sé uno stato d'animo. Ciò senza contare il malizioso o prudente impiego di quegli inchiostri simpatici divenuti, a partire dallo *Scarabeo d'oro* di Edgar Allan Poe, anche elementi costitutivi della letteratura criptografica.

In sostanza, di fronte al misurato e confidente discorso, alla pregnanza fisica e ideale, alla sensibile consistenza della lettera tradizionale, l'*e-mail* si presenta come un sintetico accumulo di segni spesso di natura criptografica e allusiva. Malgrado ciò, risultando meglio rispondente al frettoloso e disordinato costume di vita del nostro tempo, essa, insieme con l'assordante fiume della messaggistica dei cellulari, ha praticamente soppiantato il meditato colloquio epistolare affidato in passato alla lettera cartacea. Ma essa ha anche eliminato quello che per secoli è stato un prezioso strumento di studio e di ricostruzione storica del passato rendendo forse meno gravoso ma certamente meno fruttuoso il lavoro dei filologi di domani. La filologia, infatti, non potrà più disporre del contributo fino a ora offerto da preziosi epistolari come non potrà più disporre dei manoscritti delle opere, e di quelle letterarie in particolare, tutte ormai bellamente allestite nella loro definitiva redazione informatica e senza che quindi in sede critica possano offrire quelle testimonianze di ripensamenti e di altri simili elementi che consentivano di entrare nel vivo del processo creativo.

Ecco allora che, con riferimento all'osservazione iniziale, si comincia a comprendere il giusto valore della lettera tradizionale e comincia ad affiorare qualche nostalgia in proposito. In Inghilterra, a partire dal 2011, "Letters of Note", un blog che pubblica interessanti lettere anche già edite del passato, è arrivato a conoscere un milione e mezzo di utenti a settimana fino a che il suo autore, Shaun Usher, ha pensato bene di restituire alla carta queste testimonianze ricavandone un libro che offre 125 corrispondenze indimenticabili e che, dopo aver conosciuto uno strepitoso successo nel paese d'origine, è stato tradotto in altri paesi come in Italia dove è uscito da Feltrinelli col titolo *L'arte delle lettere*.

Si tratta di un significativo richiamo all'equilibrio di fronte a un'innovazione che può in qualche modo ricordare quella che in antico fu l'invenzione della scrittura. E, a questo proposito, data la trasparente analogia tra le due lontane esperienze storiche, conviene riproporre, con un riferimento forse abusato, ma certamente opportuno, le perplessità e gli impliciti ammonimenti che troviamo nel

Fedro di Platone a proposito delle conseguenze derivanti dall'invenzione della scrittura. Per bocca di Socrate, il filosofo afferma in particolare che la scrittura, richiamando alla mente le cose «per mezzo di segni» provenienti dall'esterno», mortifica e impoverisce l'interiorità, che concede «mera apparenza di sapere» e non «verità di sapere» e che quindi

> ne verranno uomini che potranno anche sapere molte nozioni, ma senza maestro; uomini che hanno l'aria di pronunciar giudizi su infinite cose, ma che per lo più non sanno nulla. Uomini ombrosi e boriosi. Saccenti, non saggi.

Quando si pensa allo straordinario ruolo esercitato dalla scrittura nella storia della civiltà, le preoccupazioni di Platone potrebbero davvero sembrare eccessive se non addirittura insensate come oggi potrebbero sembrare parimenti eccessive e insensate quelle che pure occorre esprimere in ordine alle conquiste della telematica: il fatto è però che esse tendono fondamentalmente a stabilire una semplice ma non sempre riconosciuta verità: la naturale superiorità della parola «vivente e animata» rispetto a quella scritta che della prima è solo «immagine e ombra» e l'altrettanto naturale superiorità della funzione umana rispetto a quella di qualsiasi strumento materiale di cui ci si possa servire.

In sostanza, di fronte alle scoperte e alle innovazioni tecnologiche, anche quando sono decisamente rivoluzionarie come in antico la scrittura e oggi la telematica, tra le contrapposte spinte alla diffidenza e all'esaltazione bisogna saper scegliere quell'equilibrata posizione che consente di comprendere quanto esse possano offrire ma anche quanto esse possano togliere. Solo questo ci consentirebbe di rispondere a un ineludibile interrogativo di fondo: lo scrittore portoghese José Saramago, premio Nobel 1998, ha potuto confessare di dovere molto ai suoi nonni analfabeti: ebbene, i nipoti di tanti nostri eruditi "navigatori" di Internet potranno dire domani la stessa cosa?

XXXVI (2014), 1-2

IL DISCRIMINE DEL NOVECENTO

Che il Novecento sia stato un secolo particolarmente tragico è ormai un dato storicamente acquisito. Certo, nessuno può negare le straordinarie conquiste tecniche e scientifiche che, maturate nel suo corso, hanno rivoluzionato la vita economica e sociale di gran parte dell'umanità. Bisogna però considerare che perfino queste conquiste, quasi a maligno bilanciamento dei loro inauditi benefici, si sono spesso trasformate in nuovi e più disastrosi strumenti di lutti e di rovine. Basti pensare in questo senso alla scoperta dell'energia atomica che, da prospettata soluzione di millenari problemi, si è rivelata impressionante dispensatrice di morte tanto da costituire il più temuto strumento di autodistruzione dell'uomo e della sua civiltà.

È la complessa ambivalenza propria di ogni innovazione. Si sa d'altronde che anche un semplice coltello può essere usato per affettare il pane di una serena mensa e per uccidere con efferata crudeltà perché è sempre l'uomo che presta l'anima alle cose. Ma, proprio per questo, siccome il Novecento ha conosciuto il più rapido e sconvolgente progresso tecnologico di tutti i tempi

Il discrimine del Novecento

mettendo quindi a disposizione di individui e comunità strumenti di eccezionale potenza e siccome, d'altra parte, sempre attiva è rimasta la belva che riposa in fondo al cuore umano, questo secolo è oggettivamente risultato, per frequenza, durata e natura dei suoi misfatti, tra i più crudeli e sanguinari della storia. Mai infatti l'umanità aveva visto l'intero ordine mondiale sconvolto da guerre così aspre e orrendamente cruente, mai aveva conosciuto discriminazioni e persecuzioni così perverse e radicali, mai aveva concepito ideologie così funeste e aberranti.

A sollevarne in qualche modo il nome e la memoria non vi è neppure il sigillo di straordinarie prove d'arte. È naturale che non mancano nei diversi campi positive testimonianze anche eccellenti. Queste però non sono tali e tante da mutare il volto del secolo per cui si può affermare che il Novecento è stato un vigoroso gigante nelle scienze e nella tecnica, uno spietato Moloch nell'ambito dell'umana convivenza, un balbettante nano nelle arti. Se d'altronde si considera che, data la loro natura, i progressi tecnologici del Novecento si presentano nel loro insieme come una sorta di premessa per ulteriori stupefacenti progressi e se questi, come è prevedibile, debbano essere sempre accompagnati da un maligno bilanciamento dei loro benefici, c'è davvero da essere inquieti. L'unica via di salvezza sta nel munire con urgenza la coscienza individuale di attente sentinelle di moralità, di ragionevolezza e di equilibrio.

Se si sposta il discorso sul particolare campo dell'arte, almeno riguardo all'Italia non vi è secolo del passato che, per quanto afflitto e travagliato, anche magari nel sublimare questa sua infelice condizione, non abbia la-

Il discrimine del Novecento

sciato autentici capolavori che restano ormai inscritti nell'universale patrimonio dell'umanità. Ai tanti capolavori del passato cosa potrebbe qui contrapporre l'arte del Novecento nelle sue diverse articolazioni? Forse le *Cancellature* di Emilio Isgrò per la letteratura, i *Sacchi* di Alberto Burri per la pittura o, per la scultura, i *Bachi da setola* (sic) di Pino Pascali? È certamente lecito obbiettare che il Novecento non può essere tutto ridotto alla stregua di simili esemplari. È vero, ma è anche vero che, se un'operazione del genere fosse ammissibile sul piano storico ed estetico, lasciando naturalmente da parte il ruolo dei geni che piombano giù dalle stelle quando e come vogliono, mettendo insieme il meglio della comune arte del Novecento non si riuscirebbe probabilmente a pareggiare una corrispondente entità a stento giudicata mediocre in uno qualsiasi dei secoli precedenti.

Ma perché tutto ciò? La risposta può sembrare semplicistica ma non può essere che questa. L'esasperata ipertrofia della razionalità indotta da complesse ragioni storiche e culturali ha determinato un infiacchimento della sfera emozionale per cui, almeno tendenzialmente, l'uomo del Novecento si presenta scaltro, lucido e arguto ma piuttosto povero di slanci emotivi e di fervore immaginativo. Ebbene, questo tipo di dissociata umanità non poteva che produrre l'arte che ha effettivamente prodotto e cioè un'arte che, quando non si esaurisce in un sistematico e inconcludente sperimentalismo, tende a esprimere più sofisticati cerebralismi che caldi sentimenti, sollecitanti idee e vive emozioni privilegiando, per altro, una cifra criptica riducibile più a esibizionismo intellettualistico che a pretese esigenze di immediatezza espressiva. Non

Il discrimine del Novecento

c'è quindi da meravigliarsi se a contenderle con successo il campo sia stata un'attività per definizione ragionativa e che fino all'Ottocento si era generalmente sviluppata solo in margine all'attività creativa. Si tratta della critica che nel corso del Novecento non solo si è costituita come autonomo esercizio professionale ma ha conferito ai suoi operatori più lustro e più vantaggi di quanti ne abbiano potuto godere i diretti operatori dell'arte. Sembra, in sostanza, che questi ultimi da attori primari del mondo dell'arte siano diventati figure marginali o che, per dirla meglio, da naturali creatori essi si siano ridotti a opzionali creature dei critici di turno.

C'è comunque da aggiungere che anche la critica, probabilmente fedele alla "scaltrezza" dei tempi, non ha fatto altro nel corso del secolo che tenere bordone all'arte giustificando, motivando e finanche esaltando in maniera del tutto speciosa anche le sue più aberranti manifestazioni. È così che, grazie agli oracoli dei suoi boriosi sacerdoti, con il maleodorante "capolavoro" di Piero Manzoni,

> il corpo stesso dell'artista si offre al pubblico come un'opera d'arte, e le vestigia del corpo divengono reliquie;

o, per tornare ai tre riferiti esemplari dell'arte del Novecento, con le *Cancellature* di Emilio Isgrò

> la poesia [...] si ostende, visivamente, come costruita sull'assenza di tutto ciò che ribolle nel linguaggio e non può giungere all'espressione;

i *Sacchi* di Alberto Burri

> sono da annoverare come le opere di più alto livello del secondo dopoguerra per intensità tematica ed emozionale;

i *Bachi da setola* di Pino Pascali

> ben si prestano a dominare lo spazio con forme morbide e variabili, un'invasione pacifica di elementi naturali creati artificialmente; [l'autore] nel contempo innesca cortocircuiti tra parola e forma, da seta a setola *il* passo è breve e l'artista ancora una volta si muove su diversi piani incrociando linguaggio e oggettualità.

Sempre nel corso del Novecento, il mondo dell'arte e della cultura in generale, a causa della professionalizzazione della critica che, invertendo un naturale rapporto, di questo mondo si è costituita indiscussa sovrana e regolatrice, si è poi fissato in un sistema rigido e impenetrabile. Il che, detto nei termini più semplici, significa che chi è dentro è dentro e chi è fuori è fuori con la conseguenza che molti mistificatori hanno la possibilità di lucrare stima e privilegi mimetizzandosi tra le tante persone degne mentre, in quanto estranee, vengono inascoltate, se non tacitate, fresche voci autenticamente creative.

Di fronte a questa realtà, c'è da chiedersi dove va l'arte, dove va la cultura. Ebbene, l'arte e la cultura vanno dove va l'uomo e quindi, se l'uomo riuscirà a ricostituirsi nell'armonico equilibrio delle sue facoltà, anche l'arte e la cultura si ricostituiranno nella trasparente e fervida creatività della loro originaria natura. Ci sarebbe dunque da porsi una ulteriore domanda per capire se il Novecento rappresenta il discrimine tra il colmo di una precipitosa degenerazione e un promettente rinnovamento o se invece rappresenta solo una fase all'interno di un ineluttabile e progressivo imbarbarimento. Ma una risposta per ora impossibile lascia spazio solo a una speranza: che il Novecento rappresenti questo discrimine.

XXXVI (2014), 3-4

LA NUOVA SERIE DI "RISCONTRI"

Quando, nel 1979, questa Rivista uscì con il suo primo fascicolo, i più certamente le accreditarono una vita scandita lungo il corso, se non dei mesi, di qualche anno. Questo perché, come avemmo a osservare in occasione del suo primo decennale,

> privi di mezzi e di sostegni, non coperti da protezioni politiche o da avalli accademici, fuori dagli affaristici circuiti di quella che si chiama industria culturale, non potevamo apparire che deboli.

Ma non potevamo apparire che deboli anche per un altro più importante motivo: la cultura del tempo, pesantemente condizionata dall'ideologia marxista, era sempre pronta a guardare con sprezzante sufficienza a ogni iniziativa che, come la nostra, sfidasse, in nome di un'aperta e libera ricerca, il pecorile asservimento alla politica e ai suoi fini. In realtà, però, quella che sembrava la nostra debolezza finì per essere la nostra forza perché i termini della coraggiosa sfida avevano come implicito referente non una contingente situazione ma un'assoluta

La nuova serie di "Riscontri"

e perenne esigenza qual è quella della libertà. In effetti, la Rivista, che si andava sempre più accreditando come rara occasione di un largo e articolato confronto di idee, conquistò in breve tempo uno spazio e un pubblico dapprima inimmaginabili e conquistò oltre tutto, sia in Italia che all'estero, l'attenzione e la collaborazione di studiosi di assoluta eccellenza tanto da meritare lusinghieri apprezzamenti come quello, epigrafico quanto significativo, di Mario Pomilio che la definì "bella e severa".

Altro elemento della sua fortuna fu senza dubbio anche l'ininterrotta puntualità della sua presenza mantenuta nel corso dei decenni fino a quando, divenuta di recente più pesante e più gretta la disattenzione per la cultura, non sono più bastati a tenerla in vita i sacrifici e la dedizione dei suoi più convinti sostenitori. È così avvenuto che per tre lunghi anni, tra il 2015 e il 2017, la Rivista è stata ridotta al silenzio anche per la responsabile cecità di Enti e Istituzioni facilmente identificabili che, abituati per antica grettezza a dare anche molto per fini discutibili ma neanche poco in mancanza di rozzi ritorni, non ne hanno mai compreso l'importanza rifiutandole ogni forma di aiuto e di incoraggiamento. In ogni modo, siccome, in virtù dell'articolo 7 della legge 8/2/1948 n. 47, la burocrazia prevede che l'efficacia della registrazione di una testata presso il Tribunale di competenza cessa «qualora si sia verificata nella pubblicazione una interruzione di oltre un anno», per l'auspicata ripresa della Rivista, che oggi finalmente si realizza, è stato necessario effettuare una nuova registrazione con cui in realtà si inaugura la "Nuova serie" di "Riscontri". Questa felice inaugurazione è stata ora resa possibile dalla sensibilità e dalla coraggiosa fiducia di un valoroso giovane, Ettore Barra, che, dando prova di una solida cultura e di una rara capacità organizzativa, dopo aver fondato una già affermata Editrice, "Il Terebinto", si è assunto l'onere di assegnare a tale Editrice, con la personale responsabilità di Direttore, la pubblicazione della "Nuova serie" della Rivista.

Non possiamo certo negare che il venir meno di una sorta di identificazione con "Riscontri" durata per ben quarant'anni segni per noi una velatura di malinconia. Ma le considerazioni legate all'anagrafe da una parte e l'ammirazione di un giovanile entusiasmo dall'altra hanno opportunamente indotto a questa consegna di testimone che viene, oltre tutto, sancita alla luce di un impegno d'onore: quello di conservare i caratteri di fondo della Rivista come definiti nel vecchio *Editoriale* programmatico del 1979 […].

A questo punto, oltre che esprimere profonda gratitudine a chi ne ha meritoriamente raccolto l'eredità, non ci resta altro che augurare lunga e felice vita a questa risorta Rivista.

XXXVII-XL (2018), 1

APPENDICE

SCHIAFFI E SCHIAFFEGGIATI

L'Italia, che, come si sa, tra titubanze e polemiche, ha solo di recente celebrato il centocinquantesimo anniversario dell'Unità, è uno Stato che vive ancora una sorta d'infanzia nazionale. Centocinquanta anni, infatti, non diciamo di fronte all'eternità ma di fronte alla storia, sono poca cosa. È anche per questo che, come per l'appunto si fa con i bambini, tutti si sentono in dovere di darci ordini e consigli, di sgridarci e minacciarci salvo a coccolarci quando vogliono ottenere qualcosa o a meravigliarsi quando sono costretti a riconoscere, sempre come si fa con i bambini, che anche noi riusciamo talvolta a dire la parola saggia o difficile.

Che l'Italia abbia tutto da imparare e nulla da insegnare è certamente assurdo. Oltre che assurdo è però triste il fatto che siano spesso gli stessi italiani ad accreditare e a proclamare simili convinzioni. La diffusa ignoranza ha fatto forse dimenticare che alla fine del XV secolo l'Italia divenne terra di conquista grazie a una spinta iniziale degli stessi italiani. La discesa di Carlo VIII, che sullo sfondo di un vasto quadro storico aprì la strada a un plurisecolare dominio straniero, fu infatti sollecitata dai vari Signori della Penisola e in particolare dai Baroni del Regno di Napoli, tutti convinti di trarne vantaggio a danno degli altri. Certo, oggi non c'è nessun Carlo VIII alle porte. Ci sono bensì forme ben più raffinate e sottili di assoggettamento che, senza aver bisogno di ricorrere a rozze misure militari, attraverso i varchi aperti dai moderni "Signori" e "Baroni" si insinuano nel Paese a sostegno di ben precisi interessi. C'è oltre tutto da considerare che, se una volta sulle gote della bambina Italia si posavano delicati buffetti di avvertimento, da qualche tempo vi si posano sonori schiaffi di insulto e di disprezzo. Ebbene, i moderni "Signori" e "Baroni", anziché arrossirne o ribellarsi, addirittura se ne rallegrano nell'illusione che quegli schiaffi siano rivolti solo alla faccia dei loro avversari e non anche alla propria per cui prima o poi, come per l'appunto i vecchi Signori e Baroni di fine Quattrocento, anch'essi ne riceveranno danno e scorno.

XXXI (2009), 3-4

DISCORSO "INUTILE"
SULLE VACANZE

«Settembre, andiamo. È tempo di migrare. / Ora in terra d'Abruzzi i miei pastori / lascian gli stazzi e vanno verso il mare». A voler parlare del nostro settembre e non di quello rievocato dalla bella apertura dei *Pastori* di D'Annunzio, si dovrebbe però al contrario dire "Settembre, andiamo. È tempo di tornare" perché, se ci è consentito insistere nel ricalco di quei versi, tutti ormai – e non solo ovviamente in terra d'Abruzzi – "lasciano il mare e tornano agli stazzi".

Tutti a casa, insomma: la vacanza è finita. Solo che il viaggio di ritorno non si compie come quello dei pastori della lirica dannunziana «quasi per un erbal fiume silente», per uno cioè di quegli antichi tratturi che fanno pensare, oltre che al silenzio, alla frescura e alla pace e che il poeta ricorda anche nel *Trionfo della morte* quali «vie larghe come fiumi, verdeggianti d'erbe e sparse di macigni, qua e là segnate d'orme gigantesche». Le vie del nostro ritorno sono invece le infuocate e convulse autostrade che del resto avevamo già pericolosamente battuto per l'avventura dell'andata. L'avventura dell'an-

Discorso inutile sulle vacanze

data? Sì, perché di avventura si tratta per l'andata come per il ritorno e come, spesso, per la stessa permanenza nei luoghi di villeggiatura dove, di contro a quei pochi che possono effettivamente godere di svago e di riposo, la generalità dei convenuti si offre pazientemente a condizioni di estremo disagio. Non per nulla agenzie e comitati anche di carattere internazionale, come, per esempio, la "European Travel Health Advisory Board", si premurano di raccogliere e di diffondere dati sui rischi del viaggio. Sociologi, medici e forze dell'ordine non si stancano da parte loro di ricordare che le vacanze vanno "affrontate" con estrema prudenza. In realtà – e questo è un dato drammaticamente serio – si tratta di esperienze che fanno spesso registrare più vittime di una guerra con l'aggravante che, mentre la guerra è per fortuna fatta sempre più oggetto di sdegnata repulsione nella moderna coscienza civile, le vacanze vengono sempre più esaltate e promosse come indice ed elemento di progresso.

Già Carlo Goldoni, che sapeva guardarsi intorno e giudicare, poteva commentare in questi termini il contenuto delle tre commedie del ciclo da lui dedicato alla villeggiatura nel 1761 (*Le smanie per la villeggiatura, Le avventure della villeggiatura* e *Il ritorno dalla villeggiatura*): «Nella prima si vedono i pazzi preparativi: nella seconda la folle condotta: nella terza le conseguenze dolorose che ne provengono». Pazzia, follia e dolore, dunque, e questo quando lo spirito e la pratica della villeggiatura, per quello che allora essa era, lasciavano ancora intravedere il significato del termine come "lo starsene in villa" con tutte le promesse di tranquillità e di ristoro che ne potevano derivare. Le "ville" in cui

Discorso inutile sulle vacanze

si va invece oggi a "villeggiare" le sappiamo tutti e un redivivo Goldoni non potrebbe che restarne inorridito. Raggiungerle, viverci e tornarsene significa talvolta spendere energie e sostanze a recuperare le quali occorrono lunghi mesi. Questo almeno per i comuni mortali ai quali un'interessata convenzione sociale impone il rito di una villeggiatura che li faccia apparire ciò che vorrebbero essere ma che di fatto non sono: tutti ricchi, tutti belli, tutti forti.

La malinconica illusione si viene però a pagare con sacrifici che, tra caldo infernale, calche di un'umanità scomposta e chiassosa, sgradevoli promiscuità, tentativi di conquista di un minimo di spazio vitale, rendono ormai la villeggiatura molto simile a quei corsi speciali di sopravvivenza estrema oggi di moda e che, quando non sono motivati da precise e concrete finalità, non rappresentano essi stessi che un'ulteriore dimostrazione del vacuo esibizionismo oggi imperante. Quanto a disagi e difficoltà, l'unica differenza sostanziale che esiste tra questi corsi e la comune villeggiatura è comunque talvolta che mentre nel primo caso il tutto è previsto e spesso simulato nel secondo caso è imprevisto e maledettamente vero.

Alphonse Karr scrive che «non si viaggia per viaggiare, ma per aver viaggiato». A voler ricalcare anche l'espressione dello scrittore e giornalista francese, in rapporto alle vacanze si potrebbe affermare che «non si viaggia per viaggiare, ma per dire di aver viaggiato», per poter cioè ostentare la propria partecipazione a un rito collettivo. Fatta la tara alle volute esagerazioni e ai paradossi, non si può, in conclusione, negare che spesso

Discorso inutile sulle vacanze

la vacanza, a causa dei significati impropri di cui viene a essere caricata, si riduce a una fastidiosa incombenza quando essa invece, che non deve oltre tutto necessariamente consistere nella villeggiatura, se rettamente intesa e praticata non dovrebbe essere altro che un'occasione di pieno recupero e di libero esercizio della propria umanità.

In questo senso e per questa via, la vacanza diventa anche riflesso della più riposta natura individuale. Venendo infatti meno il condizionamento di certi obblighi e di certi schemi connessi alle normali attività, nel suo corso si è indotti a mettere a nudo gusti, tendenze e predilezioni in precedenza sacrificati o dissimulati. Lo stupido improntrerà così alla stupidità la sua vacanza come il saggio la improntrerà alla saggezza, il pigro alla pigrizia, il solerte alla solerzia e così via.

A chi infine dovesse osservare che queste cose andrebbero sistematicamente dette e ripetute prima di ogni valanga vacanziera c'è da rispondere che, essendo comunque destinate a essere inutili come tutte quelle che, pur avendo un senso, mettono in discussione il pecorile andazzo delle masse, in questo caso sarebbero risultate, oltre che pretenziose, anche fastidiose mentre dette così, tanto per dirle, risultano solo inutili.

XXXII (2010), 3-4.

SCRIVERE BENE

Chiedersi cosa significa scrivere bene è una domanda a cui si possono dare numerose risposte, la peggiore delle quali sarebbe comunque quella che chiami in causa il rispetto della grammatica. Ci sono infatti scritti che seguono non solo la grammatica ma anche i più minuti suggerimenti della retorica e sono oscuri e privi di nerbo e ce ne sono invece altri che ignorano la grammatica e sono chiari, vivaci e perfino incisivi.

Questo non vuol dire che bisogna gettare alle ortiche grammatica e retorica che andrebbero al contrario studiate e applicate molto meglio di quanto ora si faccia; vuol dire soltanto che i loro dettami non hanno il potere di portare sostanza là dove c'è il vuoto e che hanno senso solo quando si incontrano con precise motivazioni interiori. È quanto aveva ben compreso il De Sanctis allorché, superando il concetto di *purezza*, vagheggiato per la lingua alla scuola del Puoti, passò a quello di *proprietà* che chiaramente riflette quel senso della cosa, del concreto e, ancor meglio, del *vivente* che caratterizzerà poi tutta la sua riflessione critica. Uno scritto sgrammaticato quanto si vuole ma chiaro e ricco di pensiero e di

Scrivere bene

cose vale quindi di più, in assoluto, di uno scritto liscio di grammatica e di retorica ma vacuo e fumoso. Significativo ci sembra in questo senso un rapporto compilato nel 1864 da un guardaboschi della provincia italiana. Il testo, se guardato sotto il profilo del lessico e della grammatica, non solo farebbe la gioia di un sadico professore che godrebbe un mondo a sottolinearne in blu ogni parola e ogni passaggio, ma potrebbe addirittura costituire un'esilarante *pièce* comica capace di far ridere a crepapelle. Ma se, una volta storicizzato per quanto riguarda l'uso della lingua, viene guardato con esclusivo riferimento alla sua concreta finalità, esso risulta non solo perfetto nella struttura ma addirittura esemplare per chiarezza e completezza di informazione.

È questa la precisa intestazione del documento:

> *Brigato delli guardie bosci di Atirrano*
> *Al signor giurice e autorità di Montoro*
> *Atirrano 28 gennaio 1864*
> *Oggetto: Trovamento di un catammero morto.*

Per quanto riguarda la lingua, non bisogna dimenticare che siamo all'indomani del conseguimento dell'Unità d'Italia, quando gli stessi deputati al parlamento di Torino stentavano a comunicare tra di loro in una lingua comune, mentre bisogna per converso ricordare che solo qualche anno fa, in un tribunale italiano, il giudice è stato costretto a nominare un interprete per interrogare un imputato del posto che parlava esclusivamente il proprio vernacolo per lui incomprensibile. Il rapporto continua comunque con l'esposizione del fatto constatato:

Scrivere bene

Il sottoscritto sopra e sotto sengato informa i superiori come e quanto tuto laccaduti successo.

Mentre io e il guardio Ginarello si invimo in cerchio dei bricanti marviventi foro uscita, additro una piota di sisini abbiassimo scorzo un catammero morzo con bocconi a tera e moribonto che non dava segni di vito. Apprima svista credessimi fosse un animale quadrubbelo come qualmente cana lopa porcio e scromola, ma into poscio ci siassimo accorgiuto essere propito un sole inti vidovo de cesso.

Riferita la macabra scoperta, il documento passa a illustrare con minuziosa precisione le formalità eseguite come previsto per il fatto di specie:

Allora l'abbiassimo interrocato; ma quel catammero morto non a meso ne verbi ne pirole quali si fosse.
Inseguito di che si sono fate le vollute antacidi seza potere a prendere un corno qualsivoglia o aldra informazione liquida ed espricita come prescrive il collice del guardio bosco.
Dopo e prima di che visto e dovuto in coccio dell'agno minato su tetto citrato che se ne stava mutillo e taci turno, l'abbiassimo asportato nella achiesa della parrocchia del parruco di Aterrano a disposizione del giurice pretore di Montori.
Ad osso il morzo ci aveva un portofoglie in tove cera no ventiquadri solrdi e tre centesimi: nel pacciotto col flambuasse, sti pelle necro o scuro, carzoni idemme, capello a cecio, stivali a pompa di pellecchia lucito, eccevoza eccevoza.

Scrivere bene

> *Era pure ammonito di bastion con due fiocchi sopra e vedovetta sotto.*

Ed ecco infine le deduzioni conclusive:

> *Come paro, appare e compare tutto fa cretere che si trati di un omicicolo abbenuto per fruto; l'ipotiposi di suiciccio non è ammassibile.*

Non c'è dubbio che il documento, in fatto di chiarezza, incisività ed esaustività, può senz'altro gareggiare con tanta prosa burocratica dei nostri giorni che, oscura, equivoca e incongrua, sembra invece scientemente finalizzata a complicare e a rendere incomprensibili problemi e questioni. Tutto questo perché il suo sconosciuto autore considera bene per chi scrive, di che scrive e perché scrive, tutte cose che, non solo gli scrivani, ma anche molti scrittori di oggi non considerano.

XXXIII (2011), 1-2

DANTE, INSACCATI E AFFINI

"Gherush92" è un'organizzazione di ricercatori e professionisti che gode dello *status* di consulente speciale presso il Consiglio Economico e Sociale delle Nazioni Unite, che svolge progetti di educazione allo sviluppo, che è concentrata nell'elaborazione e realizzazione di ricerche, studi e progetti relativi ai diritti umani e ai temi connessi. Quando si apprende tutto questo, viene da mettersi sull'attenti, tanto alto si presume lo spessore intellettuale e culturale dei suoi componenti. E infatti la sua Presidente, tale Valentina Sereni, superando la plurisecolare tenebra del dantismo internazionale e dando prova di una singolare consapevolezza storica, è giunta a scoprire che la *Divina commedia* costituisce un elemento di estremo pericolo tanto da contribuire, «oggi come ieri, a diffondere false accuse costate nei secoli milioni e milioni di morti». Lei, pertanto, in perfetta coerenza, ha solennemente dichiarato: «È nostro dovere segnalare alle autorità competenti, anche giudiziarie, che la *Commedia* presenta contenuti offensivi e razzisti che vanno approfonditi e conosciuti. Chiediamo, quindi, di espungere la *Divina Commedia* dai programmi scolastici ministeriali o, almeno, di inserire necessari commenti e chiarimenti».

Dante, insaccati e affini

Non c'è che dire. Tutto bene. Tra scoperta e richiesta, è difficile stabilire quale delle due sia la più straordinaria ed esaltante. Solo che, data la sua riconosciuta coerenza intellettuale, la sullodata Presidente, richiesta per richiesta, avrebbe dovuto richiedere anche la cancellazione, non diciamo del nome di quanti si trovano a portare senza loro colpa quello del pericoloso poeta trecentesco, ma quanto meno le mille e mille intitolazioni di piazze, di strade e di istituzioni di ogni genere che in qualche modo lo ricordano. Ebbene, nel caso dovesse avanzare questa ulteriore richiesta e nel caso, ancora, che questa venisse accolta, dovendosi naturalmente procedere a una massiccia serie di nuove intitolazioni, si potrebbe far tesoro di un significativo precedente storico che, oltre tutto, manterrebbe la materia stabilmente ferma nel cuore della modernità che, come si sa, batte all'insegna del gusto più raffinato e delle più alte idealità.

In Austria, a 40 chilometri da Lienz nel Tirolo Orientale, c'era il Mullwitzkogel, un monte di 2.768 metri che attraeva scalatori, escursionisti e gitanti da ogni parte d'Europa. Da alcuni anni, però, esattamente dagli inizi di luglio 2007, non c'è più: non perché, ben s'intende, sia scomparso, ma perché ha cambiato nome. E fin qui nulla di strano perché perfino interi stati hanno talvolta subito analoga sorte e, oltre tutto, «che cosa c'è in un nome? – Se lo chiede Shakespeare che così risponde: – Quel che noi chiamiamo col nome di rosa, anche se lo chiamassimo d'un altro nome, serberebbe pur sempre lo stesso dolce profumo». Nel caso tuttavia del nuovo nome assegnato all'imponente massiccio tirolese, c'è da credere che, tenuto conto degli olezzi tipici del suo nuovo referente toponimico, mai il grande drammaturgo inglese avrebbe pensato al «dolce profumo» della rosa. Questo perché esso, con la partecipe esultanza della popolazione locale, è stato ribattezzato Wiesbauer-Spitze col nome di un insaccato: sì, di un insaccato, soppressata, salame, salsiccia o würstel che sia, prodotto dalla famiglia Wiesbauer, proprietaria dell'omonima azienda leader nel settore degli insaccati in Germania e Austria.

Questo precedente è maturato in Austria per nobili convenienze economiche ma, una volta imitato, potrebbe da noi produrre un vantaggio non meno apprezzabile: superare la monotona sequela delle intitolazioni dantesche con una straordinaria varietà di intitolazioni ispirate alla ricca gamma degli insaccati e dei loro affini. Si potrebbero così avere qui una "Via del cotechino", lì una "Piazza del culatello" e altrove Accademie, Istituti di cultura, Enti di ricerca tutti solennemente intitolati a salsicce, soppressate e pancette magari affumicate.

In questo modo, non solo si offrirebbe una giusta soddisfazione ai ricercatori, ai professionisti e in particolare alla Presidente di "Gherush92", ma si contribuirebbe a rendere l'Italia un paese certamente più appetibile.

MODA E BELLEZZA

C'è chi ha paragonato la moda a una vecchia signora bisbetica e autoritaria che, quando ti è di fronte, impone con la sua presenza rispetto e ubbidienza mentre, quando gira le spalle per andarsene, suscita risate e sberleffi. E non si può certo dire che il paragone non sia calzante oggi soprattutto che non c'è categoria o individuo che non la segua con scrupolosa puntualità nelle sue turbinose giravolte.

In passato, per la verità, essa cercava saggiamente di far ridere di sé il meno possibile perché, prima di girare le spalle, lasciava vivere sereni e tranquilli per anni e anni. Questo avveniva quando, non solo per necessità ma anche per un diffuso senso della parsimonia, attraverso uno stesso indumento passavano tutti i componenti di una famiglia via via che si trovavano a vivere la stessa fascia di età.

Il fatto più preoccupante è comunque che essa ha allargato smisuratamente il suo campo di influenza tanto da imporre ferree leggi anche per quanto riguarda la conformazione fisica del nostro stesso corpo che da preordinata e immodificabile entità somatica è venuto così a

Moda e bellezza

diventare opzionale effetto di complicati quanto faticosi e dispendiosi artifici e che per di più alla fine, per essere accettabile, deve necessariamente risultare alto e slanciato fino ai limiti estremi. La persona, e in particolare la donna, deve oggi ridursi come a una stampella semovente che porta in giro capi d'abbigliamento scrupolosamente griffati. Un filo di grasso, anche quando non chiama in causa le sacrosante ragioni di salute, viene avvertito come suprema sventura e viene inoltre considerato come spregio della decenza e del gusto estetico peggio di come mettere barba e baffi alla Gioconda.

Nel fresco realismo che caratterizza il suo stile, Galileo Galilei, allo scopo di chiarire che a garantire la bellezza di un'opera d'arte non basta la presenza di un elemento la cui mancanza sarebbe invece biasimevole scrive che «ben che somma deformità arrechi ad una donna l'essere sdentata, calva e senza naso, non però bellissima si chiamerà qualunque avrà denti, capelli e naso». Ebbene, un Galilei dei nostri giorni, ammesso che il suo genio non gli impedisca di accogliere tanti stupidi pregiudizi, certamente addurrebbe ad esempio di «somma deformità» non una donna «sdentata, calva e senza naso» ma semplicemente una donna grassa che per il gusto corrente è ben più orrenda di una che sia appunto «sdentata, calva e senza naso».

Il cibo, che in tante parti del mondo resta l'oggetto primario di un'aspirazione tragicamente insoddisfatta, viene in tal modo a essere percepito come un nemico dagli schifiltosi figli del benessere che addirittura discettano sulle cautele da adottare per limitarne le ineliminabili offese. Si è ormai lontani davvero mille miglia dal pensiero del vecchio Anthelme Brillat-Savarin, l'autore della famosa *Fisiologia del gusto*, secondo cui «il piacere della tavola è di tutte le età, di tutte le condizioni sociali, di tutti i paesi e di tutti i giorni» e «la scoperta d'un nuovo manicaretto giova all'umanità più che la scoperta d'una nuova stella».

Il culto della bellezza anoressica voluto oggi dalla moda, che altro poi non è che la mitizzata personificazione di interessi accortamente camuffati da una parte e scioccamente assecondati dall'altra, ha poi perfino dato vita a un nuovo genere letterario. Le problematiche alimentari che esso comporta sono infatti tra l'altro diventate tematica anche esclusiva di opere narrative. Si tratta di opere che rientrano in un genere già da qualcuno definito "bulimico" che nulla però ha a che fare con il Farnismo, la discutibile ma coerente teoria secondo cui l'esistenza umana è basata sul soddisfacimento della fame e sulla tranquillità data da una vita sicura e che in Italia trovò uno dei suoi maggiori rappresentanti in Gino Raya. L'utilità di simili opere può comunque consistere nel mettere in evidenza come la ricerca del nuovo modello di bellezza stia drammaticamente degenerando in angosciose privazioni e in laceranti frustrazioni.

Tra gli adolescenti, in particolare, il difficile rapporto con l'alimentazione sta infatti producendo più infelicità di quanta ne possa forse produrre la fame là dove questa è un problema non di estetica ma di sopravvivenza. Ne sono prova inquietante i siti web nei quali essi si rivolgono all'anoressia invocandola addirittura come una dea col vezzeggiativo di "Ana" perché li protegga tenendoli lontano dal cibo e garantisca loro la sospirata magrezza nella convinzione che, come recita il secondo punto di un loro decalogo, "essere magri è più importante che essere sani".

Un piccolo ma apprezzabile tentativo di squarciare questo quadro desolante fu operato anni fa in Argentina dove una legge obbligò i fabbricanti e i commercianti che vestivano gli adolescenti a mettere a loro disposizione tutte le taglie, fino alle più alte. Questo per evitare che i più robusti venissero esposti all'umiliante diniego di poter essere serviti per presunta o reale grassezza.

Ma può mai bastare la buona intenzione di simili provvedimenti? Certamente no perché, prima che la moda giri le spalle suscitando su questo punto liberatorie risate, occorre che si comprenda che la bellezza è ben altra cosa che inerte entità misurabile. Essa è senza dubbio armonia e piacevolezza di forme ma, per essere davvero ammirevole, deve brillare di una luce che solo uno spirito limpido e gioioso le può conferire.

XXXIV (2012), 3-4

LA FILOSOFIA DELLA GALLINA*
apologo

Il tutto ebbe inizio una sera in una povera casa di campagna. Un asino, mentre si ritirava nella stalla sfinito dal lavoro, incontrò un maiale e una gallina impegnati in un'animata discussione. Fermatosi quindi a osservare i due animali, disse che era bello mettersi a chiacchierare al fresco quando non si hanno le ossa rotte dalla fatica come lui. La gallina, piccata, gli rispose che stavano parlando di cose molto serie che potevano interessare anche lui. Il maiale a sua volta disse che forse era il caso che tutti e tre insieme approfondissero l'argomento senza però dare a vedere ai padroni di casa perché gli assembramenti destano sempre sospetto. Ecco perché alla spicciolata essi entrarono nella stalla e ripresero il discorso.

È questo il prodromo da cui qualche mese dopo si sviluppò un avvenimento del tutto straordinario. In una

---

* Questo brano, già pubblicato in M.G.G., *La lettera di presentazione. Racconti*, Mephite, 2016, pp. 111-117, viene qui riproposto per ragioni di completezza in rapporto alla natura del presente volume.

La filosofia della gallina

vallata ampia ma isolata cominciarono ad affluire animali di ogni genere, tutti muniti di un bagaglio che faceva prevedere un soggiorno non proprio breve. Il luogo intanto era stato attrezzato di ogni comfort: un servizio igienico miracolo di abilità tecnologica perché costruito in modo da poter servire con identica comodità un moscerino come un elefante; una sala da gioco, una palestra e una piscina, tutte costruite con analogo criterio; due punti di ristoro, uno per gli erbivori e uno per i carnivori. Quello per i carnivori, però, alla fine sarebbe risultato pressoché inutilizzato non per difetto di realizzazione ma per il timore di quasi tutti i previsti clienti di andarvi per mangiare e di finirvi mangiati in pasto a qualche collega violento e disonesto che, anche fra gli animali, non manca mai.

Che cosa era avvenuto? La gallina, l'asino e il maiale avevano concluso la segreta riunione di quella sera con la decisione di convocare un'assemblea generale di tutti gli animali con un solo punto all'ordine del giorno: «Come far scomparire dalla faccia della terra la violenta e perfida razza umana». La convocazione, fatta giungere a tutti gli animali con il determinante impegno degli uccelli e in particolare dei colombi viaggiatori, illustrava con estrema puntualità la questione posta all'ordine del giorno e invitava razze, specie e sottospecie a inviare propri rappresentanti all'assemblea.

Quando tutto fu pronto, un po' in applicazione dell'ordine alfabetico, che gli animali conoscono anche se non riescono ad applicarlo in maniera perfetta, un po' in considerazione del ruolo da lui svolto nell'organizzazione dell'assemblea, fu l'asino invitato a parlare per primo.

La filosofia della gallina

Allora, questo accomodante e paziente animale, raggiunto il podio, pronunciò il suo discorso:

«Ihòoo... Ihòoo... Ihò... Io sono grato e commosso di questo invito. Voglio però utilizzare l'occasione prima di tutto per ringraziarvi della convinta e totale partecipazione a questa assemblea. Sicuro del fatto che condividete la ragione e lo scopo dell'iniziativa presa dal signor maiale, dalla gentile gallina e da me, sono anche sicuro che vorrete con responsabilità e saggezza fornire suggerimenti adatti a raggiungere lo scopo. Certo è che di questi maledetti uomini non se ne può più...» e stava per aggiungere: «Ihòoo... Ihòoo... Ihò...» quando le sue parole furono sopraffatte da un caloroso e prolungato applauso nonché dall'incalzante richiesta di rimanere sul palco come presidente dell'assemblea.

Nella sua qualità di presidente, l'asino chiese allora chi volesse prendere la parola e a salire sul podio fu per primo il bue che disse: «Muuu... Muuu... Muu... Muoio dalla voglia di fare subito la mia proposta per l'annientamento della razza umana. Io mi impegno a unire in un formidabile esercito tutti i cornuti. Sì, d'ora in poi tori, bufali, rinoceronti, e chi più cornuti ha più ne metta saremo un corpo solo, una mente sola, un cuore solo e non penseremo ad altro che a cercare uomini dovunque si possano nascondere per incornarli senza pietà».

L'elefante a sua volta volle precisare: «Iiiih... Iiiih... Iiiih... Io non ho le corna. Quelle che vedete sono zanne ma, all'occorrenza, per una causa giusta come questa, posso anche usarle come corna. In più ho la forza e mi metto quindi a disposizione per il raggiungimento del nostro scopo».

Di soppiatto, come è sua abitudine, si presentò il serpente che fece osservare: «Ssss... Ssss... Sss... Signori miei, qui non bastano la forza e le corna. Qui ci vuole astuzia. Disseminiamo quindi le case degli uomini di cobra e di bungarus, di vipere e di notechis, di anaconde e di mambe nere, infiliamoli finanche nei loro letti e, se nell'operazione riusciremo ad avere anche la collaborazione degli insetti più bravi, ragni, zecche, scorpioni, il risultato sarà rapido e certo».

Si videro allora questi insetti agitarsi e gongolare sia per l'onore di essere stati citati dal podio, sia per esprimere la loro volontà di collaborazione.

In successione furono quindi numerosi i partecipanti che presero la parola: l'ippopotamo, il grillo, la pantera, lo scoiattolo, il puma, il coniglio, la puzzola, il cammello. Più a gesti che a parole in quanto muto, si premurò di esprimere il proprio compiacimento anche il cefalo labbrone invitato, in qualità di osservatore, a rappresentare il mondo dei pesci, e fu dopo questo intervento che si verificò uno spiacevole inconveniente.

Con tutta la sua boria di re, al podio si era presentato il leone che subito iniziò: «Groar... Groar... Groar... Groar... Groar...» Ma, come se si fosse inceppato, non riusciva ad andare avanti e non faceva altro che ruggire: «Groar... Groar...», agitare la testa, battere con la zampa la balaustra del podio e farfugliare senza spiccicare una parola che avesse un senso.

Allora l'assemblea cominciò a rumoreggiare: il lupo ululava, il corvo gracchiava, il topo squittiva, il coccodrillo trimbulava, la zebra sbuffava, la iena rideva, il cervo bramiva finché si levò incognita una voce: «Buuu...

La filosofia della gallina

Buuu… Bu… Buffone, ma chi ti ha dato la patente di re?» In difesa del leone si levò però sollecita la gallina che, forte del prestigio meritato quale organizzatrice della manifestazione, salì sul podio, impose il silenzio mentre il leone si ritirava a testa bassa e diede inizio a un decisivo discorso.

«Cococodèee… Cococodèee… Cococodè… Codé… Codesto vostro atteggiamento non vi fa onore e comunque non giova alla nostra causa. Dovete comunque sapere che Sua maestà il leone ha passato una brutta notte, non ha chiuso occhio a causa di un terribile mal di testa e di pancia. E poi, chi vi dice che chi è a capo è sempre il migliore e ne sa più degli altri? Dovreste inoltre anche sapere che chi è a capo ha il diritto di essere capito ma non il dovere di capire. Così vanno le cose, purtroppo. Guardate, a questo proposito, al mondo degli uomini. Comunque sia, torniamo al nostro problema.

«Sembra che ormai siamo tutti d'accordo sulla necessità di distruggere la razza umana per cui non ci resta che studiare il come. Ma il come lo troveremo – aggiunse con foga – se solo pensiamo a cosa sarà il mondo una volta scomparsa la presenza dell'uomo: un mondo libero, aperto, senza confini, senza padroni, senza ingiustizia, senza violenza, senza ipocrisia. Ma soprattutto senza crudeltà: mi si spezza il cuore, credetemi, quando vedo le mie sorelle, i miei fratelli infilzati su uno spiedo e gettati ad arrostire in un forno. E pensate inoltre al trattamento riservato ai teneri vitelli, agli innocenti agnelli per non parlare di quello riservato al signor maiale preso in vita a simbolo di sporcizia e di perversione per poi essere macellato e fatto a pezzi. Ma ciò che più mi tocca, almeno

La filosofia della gallina

per quanto riguarda la mia famiglia, è che gli uomini ci hanno tolto la gioia della maternità. Ricordate quando noi galline, una volta diventate chiocce, covavamo amorosamente le nostre uova per vedere alla fine spuntare le delicate testoline dei nostri figlioletti e scorrazzavamo poi allegramente per le campagne col codazzo dei nostri pulcini. Come era bello vederli crescere sani, liberi e felici! Ora invece ci derubano delle nostre uova non solo per cibarsene ma anche per ammucchiarle in certe macchine e ricavarne pulcini artificialmente come sembra che stiano ormai cominciando a fare in qualche modo anche per avere propri figli. Ma noi non siamo uomini. Siamo animali, siamo creature serie. Traditori, vigliacchi, lasciateci almeno i nostri figli!» E qui si sciolse in un pianto dirotto. Alla fine, si pulì le lagrime con la zampa destra e riprese a parlare.

«Cococòoo... Cocòoo... Co... Comprendetemi e scusate la mia commozione. Ma torniamo al problema generale. Io forse sono davvero poco intelligente, come dicono gli uomini e come forse voi stessi pensate, però, seguendo l'interessante dibattito, mi sono formata un'idea o, se mi consentite, una mia filosofia per risolvere il problema che stiamo trattando. Io sono costretta a vivere con gli uomini e quindi conosco i loro discorsi, le loro abitudini, le loro debolezze ma purtroppo anche le loro risorse. La natura si è spesso rivolta contro di loro con tutta la sua forza: terremoti, tempeste, alluvioni, carestie, pestilenze senza mai riuscire a sterminarli. Ebbene, considerati gli strumenti di cui disponiamo, non potremmo mai eguagliare questa forza e potremmo quindi fallire ed esporci addirittura a crudeli ritorsioni. Imponiamoci allora un po' di pazienza. Aspettiamo. Gli uomini si stanno ormai distruggendo da soli usando quell'intelligenza che esaltano come proprio esclusivo privilegio e che ad altro non serve se non ad affinare la loro cattiveria, a gonfiare il loro orgoglio, a incrementare il loro egoismo. Essi oggi non solo continuano a massacrarsi reciprocamente in sanguinose battaglie, ma fanno a gara a inventare terribili strumenti di distruzione e di morte, avvelenano terra, acque e cieli con sempre maggiore intensità, si abbandonano a piaceri snervanti, si nutrono di cibi adulterati e malsani. E intanto i padri uccidono i figli, i figli uccidono i padri, i fratelli uccidono i fratelli. Ditemi, amici miei, come può durare ancora a lungo questa razza corrotta, violenta e maledetta?»

A queste parole, l'assemblea si levò in piedi e si abbandonò a uno scrosciante, interminabile applauso mentre la gallina con la zampa destra si asciugava il sudore provocato dalla foga del discorso. Allora l'asino, che aveva svolto con pazienza e saggezza il suo compito di presidente, si levò anch'egli in piedi e disse: «Ihòoo... Ihòoo... Ihò... Io non posso che unirmi a questo applauso e, siccome vedo che tutti approvano la filosofia della gentile gallina, dichiaro chiusa l'assemblea e auguro a tutti un felice ritorno alle proprie sedi e ai propri impegni nella certezza che presto possiamo rivederci per festeggiare finalmente la scomparsa della razza umana dalla faccia della terra».

XXXV (2013), 3-4

COME COSTANZA

Siamo maestri nonché benefattori,
siamo guide sicure ed efficienti,
siamo i politici come ben s'intende,
siamo gli amici che vogliono il suo bene.
 Ma il bene di chi?
Del popolo, s'intende,
e se diciamo popolo
diciamo tutti e ognuno.
A tutto provvediamo,
a tutti noi pensiamo,
perciò ci consultiamo
e parliamo, parliamo...

Pensiamo ora a Costanza.
Ha sete oggi Costanza.
Cosa beve Costanza?
Beve drink Costanza?
 Non li beve Costanza.
Beve birra Costanza?
 Non la beve Costanza.
Beve vino Costanza?

Come Costanza

> *Non lo beve Costanza.*
> Ma Costanza dov'è?
> *Ha bevuto da sé.*

> Passiamo quindi al popolo.
> Che cosa vuole il popolo?
> Per caso ha fame il popolo?
> *Sì, certo ha fame il popolo.*
> Ma cosa mangia il popolo?
> Mangia caviale il popolo?
> *No, non lo mangia il popolo.*
> Mangia aragoste il popolo?
> *No, non le mangia il popolo.*
> Mangerà almeno pane,
> porri, cipolle, ceci!
> *Sì, quando li ha li mangia.*
> Sia benedetto Iddio!
> Cos'altro vuole allora?
> Sempre più ingordo è il popolo!
> Ma il popolo dov'è?
> *Ha mangiato da sé.*
> *Come Costanza.*

> Altro nostro pensiero
> è quello del lavoro.
> Chiede lavoro il popolo?
> *Sì che lo chiede il popolo,*
> *ma, dato che non c'è,*
> *non sa che fare il popolo.*
> Davvero strano è il popolo.
> Sa che non c'è lavoro,

come fa allora a chiedere
qualcosa che non c'è?
Ma il popolo dov'è?
  Si è arrangiato da sé.
  Come Costanza.

Quante pretese ha il popolo!
Vorrebbe tutto e subito.
Visto e considerato,
sapete cosa c'è?
Con calma e con giudizio
pensiamo al nostro bene
e il popolo che ha fretta
se la sbrighi da sé.
  Come Costanza.

XXXVI (2014), 3-4

TRA GIUDIZI E PREGIUDIZI
SUL D'ANNUNZIO*

Sarà pigrizia, sarà timore di scomodare autorevoli voci del passato, sarà convinzione che ciò che si è detto deve per sempre restar detto, sarà anche, in qualche caso, ignoranza travestita da prudenza, ma certo è che in genere, per quanto riguarda in particolare il mondo della letteratura, difficilmente da noi si smontano vecchi giudizi e pregiudizi anche quando nuove acquisizioni, nuove posizioni ideologiche e nuove prospettive culturali e civili lo consentirebbero o addirittura lo richiederebbero. È così che il giudizio su Gabriele D'Annunzio, una volta gravato da considerazioni estranee al mondo dell'arte e attinenti invece a situazioni di tipo umano e politico, è rimasto pressoché immutato nel tempo tanto che ancora oggi l'identità della sua produzione artistica risulta spesso falsata o fraintesa. Il problema sottostante è

---

* Da F. D'EPISCOPO, *D'Annunzio napoletano e antidannunzianesimo meridionale. A 150 dalla nascita e a 75 dalla morte del Poeta.* Introduzione di M. G. GIORDANO, cit. in *Avvertenza*, pp. 7-10.

quello dei suoi rapporti col Fascismo che, a partire dalla Liberazione, furono comunemente intesi come diretto e responsabile coinvolgimento politico e morale tale da rendere inaffidabile anche la sua produzione artistica che ne sarebbe rimasta in qualche modo toccata.

Già prima, per la verità, in ambienti che non suggerivano alcuna cautela di natura politica nella sua valutazione, il problema era stato visto in questi termini. Molto significativa, a questo proposito, è la discussione epistolare che si svolge tra Anna Seghers e György Lukàcs a un anno dalla morte del poeta avvenuta il 1° marzo 1938. Allo studioso ungherese, che le aveva scritto «siamo ancora lungi dall'aver distribuito botte abbastanza efficaci contro la decadenza», in una lettera del febbraio 1939, la scrittrice tedesca chiede:

> A chi vanno date queste botte? Agli scrittori fascisti? Ai poeti che esaltano la guerra? Ai parabolani del sangue e del suolo? Ai Marinetti e ai D'Annunzio? A quei santuomini dei loro colleghi tedeschi? Quelli di botte non ne prenderanno mai abbastanza.

A sua volta Lukàcs, nella risposta del 2 marzo 1939, mentre senz'altro definisce «i Marinetti o i D'Annunzio» le «figure più spiccatamente reazionarie della decadenza», precisa che «occorre naturalmente combattere in primo luogo quella forma di decadenza che è la barbarie fascista», e ciò perché, liquidando sbrigativamente il ruolo dei due scrittori italiani, afferma che «i vari Marinetti e D'Annunzio» non possono ormai esercitare più alcun influsso.

Comunque sia, tornando all'Italia, con la caduta del Fascismo si assiste a un vero e proprio capovolgimento della fortuna del D'Annunzio: il poeta-personaggio, celebrato quanto altri mai nel corso della vita, diventa oggetto di un sostanziale disprezzo. Senza mezzi termini, lo si accusa, come per esempio fa Giuseppe Petronio, di aver contribuito a «formare l'atmosfera che permise la nascita del fascismo e la sua vittoria», di essere stato «il maestro di quell'oratoria, fra tribunizia, plebea e letteraria, che fu poi dei fascisti e di Mussolini», di essere stato, «insomma, il dittatore di un liberty fra aristocratico e pacchiano».

Ma, al di là di tutto, anche quando, a evitare di essere presi per sordi e ciechi totali, gli si riconoscono meriti, si ha l'impressione che comunque si invochi per lui più la dimenticanza che una onesta revisione storico-critica. Che tuttavia un atteggiamento del genere, almeno nelle forme più accese ed esagerate, fosse di natura eminentemente ideologica in un'Italia dominata da una diffusa e radicata tendenziosità politica è dimostrato da un incontestabile fatto. Mentre gli studiosi più attenti e più autorevoli, a prescindere da ogni giudizio di merito, guardano all'autore in un quadro d'insieme storicizzandone carattere e tendenze, per definirlo, come fa Giovanni Getto, quale «ideale punto di convergenza di tutte le direzioni e di tutte le correnti della letteratura europea del tempo», quelli che rispondono più alle esigenze di una compatta ideologia che a quelle della concreta realtà, in qualche modo lo trascelgono, lo isolano e lo marcano secondo il loro punto di vista. C'era da sperare che, apertisi da qualche decennio più spazi di libertà nella cultura italiana, il duplice anniversario del 2013, a centocinquanta anni dalla nascita e a settantacinque anni dalla morte, potesse indurre, per così dire, a una riappacificazione della critica con il poeta nel senso di una ricognizione ampia, approfondita e finalmente serena della sua opera e della sua azione. E ciò soprattutto nell'ormai acquisita convinzione che, in rapporto alla complessa realtà del tempo, il Fascismo e il dannunzianesimo sono fenomeni storicamente paralleli ma non interdipendenti e quindi, comunque li si voglia giudicare, si presentano con autonome e specifiche caratteristiche e responsabilità.

La percezione del significato di una presenza come quella del D'Annunzio nella storia della letteratura resta quindi adulterata dai vecchi pregiudizi. Ecco dunque perché la duplice occasione anniversaria ha trovato freddo e distratto il nostro ambiente culturale. Non si può infatti negare che le manifestazioni indette in onore del poeta siano in sostanza dovute al giusto orgoglio del suo Abruzzo o alle prevedibili iniziative della Fondazione "Il Vittoriale degli Italiani". Bisogna invece riconoscere che, almeno in base a una particolare considerazione, forse mai come ora occorreva richiamare addirittura con fervore l'attenzione sull'opera dannunziana.

Si è probabilmente nel giusto quando si afferma che, lasciando da parte la bestemmia estetica implicita in un ragionamento del genere, se il poeta è sempre anche artista, l'artista non è sempre anche poeta. Questo perché, se a identificare l'artista occorre soltanto un assoluto dominio della tecnica espressiva, a identificare il poeta, oltre tale dominio, occorre anche quello speciale afflato che lo eleva al di sopra della comune sensibilità umana.

Ebbene, se si vuole negare che il D'Annunzio è poeta, lo si neghi pure, ma non si può certo negare che egli sia un artista, il più grande forse che la letteratura italiana abbia mai conosciuto nel lungo corso dei suoi otto secoli di storia e che, su questo piano, solo in un Petrarca può trovare un attendibile termine di paragone.

Non a caso, già negli anni cinquanta Riccardo Rugani poteva parlare delle sue qualità come di «un prodigio» e poteva inoltre sostenere che «nessuna forma è più lucida, polita, levigata della sua» per concludere in questi termini:

> Oggi che si torna finalmente a parlare di letteratura, e si può fare senza il pericolo delle precedenti confusioni, non possiamo non rendere omaggio a questo fabbro veramente sovrano che ti dà l'idea di una sterminata ricchezza.

C'è quindi da chiedersi quale alta lezione di disciplina artistica, di padronanza linguistica, di raffinatezza stilistica e di assoluto senso del bello poteva derivare da una diffusa riflessione sull'opera dannunziana in un momento in cui, a causa del lassismo formativo della scuola e dell'avventurosa mercificazione del processo artistico, perfino gli elementi fondamentali di ogni tipo di espressione sono del tutto trascurati se non addirittura ignorati.

INDICI

INDICE TEMATICO

Abruzzo: 104.
Academia Española: 41.
Académie Française: 41.
Accademia della Crusca: 41.
Anniversario Unità d'Italia: 28, 71.
Argentina: 88.
Arte, artista: 19, 33, 35, 61-63, 104-105.
Ascendenze, appartenenza: 8, 27-28, 31-32, 44.
Asino: 89-91, 95.
Austria: 82-83.
Autostrade: 73.

Bandiera: 39-40, 45.
Bellezza: 10, 33, 85-88.
Bene e male: 26.
Bue: 91.

Cibo, alimentazione: 86-87.
Condizioni di vita: 30.
Costituzione: 8, 39-40.
Crisi: 21-22, 25-26, 33.
Critica: 62-63.

Cultura: 8-10, 21-22, 37-38, 50-51, 63.

Dialetto: 29.
Divina Commedia: 81.
Dominio straniero: 71.
Droghe: 8.

Economia: 8, 26.
Elefante: 90-91.
E-mail: 55.

Famiglia: 83, 85.
Fascismo: 102-104.
Filologia: 56.
Filosofia: 33-36.
Fumetto: 27.

Gallina: 89-91, 93, 95.
Globalizzazione: 48.
Grammatica e retorica: 77-78.

Identità: 8.
Inno nazionale: 39-40.

Indice tematico

Insetti: 92.
Intelligenza: 21, 23.
Internet: 53-54, 58.

Lavoro: 98.
Leone: 92-93.
Liberazione: 102.
Lingua inglese, anglismi: 41-44, 83.
Lingua, lingua italiana: 41-42.

Maestri: 19, 48, 97.
Maiale: 89-91, 93.
Massa, cultura di massa: 47-49.
Moda: 85, 87.

Nazioni Unite: 81.
Novecento: 16-17, 22, 28, 59-64.

Orgoglio razionalistico: 35.
Ottimismo evoluzionistico: 15.

Padri e figli: 16-19.
Patria: 28, 40-41.
Poesia, poeta: 33, 36, 102-103.
Politici: 97.
Popolo, gente: 97-99.
Postmoderno: 27.

Radici: 8, 18, 30.
Ragione, razionalità: 18-19, 22-23, 61.
Rivista "Riscontri": 7-8, 11-12, 65-67.

Schiaffi: 71-72.
Scienze: 16-17, 60.
Scrittura: 53-54, 56-57.
Serpente: 92.
Stupidità: 8, 25.
Svago: 47, 50.

Vacanze: 73-75.
Vittoriale degli Italiani: 104.

INDICE DEI NOMI

Adenauer, Konrad: 31.
Alberti, Leon Battista: 9.
Arendt, Hannah: 47, 50.

Barra, Ettore: 7-8, 11, 67.
Brecht, Bertolt: 20, 22.
Brillat-Savarin, Antheime: 87.
Burri, Alberto: 61, 63.

Camilleri, Andrea: 44.
Carlo VIII: 71-72.

D'Annunzio, Gabriele: 73, 101-105.
D'Episcopo, Francesco: 12, 101n.
De Mauro, Tullio: 34, 42.
De Sanctis, Francesco: 7, 77.

Filangieri, Gaetano: 8.
Foucault, Michel: 40.

Getto, Giovanni: 103.
Giordano, Mario Gabriele: 7-9, 12, 101n.

Goldoni, Carlo: 74-75.
Goya, Francisco: 22.

Isgrò, Emilio: 61-62.

Karr, Alphonse: 75.

La Capria, Raffaele: 40.
Lanza, Franco: 11.
Lepschy, Giulio Ciro: 29.
Lukàcs, György: 102.
Mann, Thomas: 51.
Manzoni, Piero: 62.
Marinetti, Filippo Tommaso: 102.
Monterosso, Ferruccio: 11.
Mussolini, Benito: 103.

Pascali, Pino: 61, 63.
Pascoli, Giovanni: 28.
Petrarca, Francesco: 105.
Petronio, Giuseppe: 103.
Platone: 57.
Poe, Edgar Allan: 55.
Pomilio, Mario: 66.
Profumo, Francesco: 43.

Indice dei nomi

Puoti, Basilio: 77.

Raya, Gino: 87.
Rugani, Riccardo: 105.

Saramago, José: 58.
Seghers, Anna: 102.
Sereni, Valentina: 81.
Shakespeare, William: 82.

Socrate: 30, 57.
Spencer, Herberte: 15.

Troisi, Gaetano: 12.

Usher, Shaun: 56.

Xingjian, Gao: 33, 36.

INDICE GENERALE

Prefazione

Il futuro del passato.. p.   7

Avvertenza.. » 11
Un mondo senza padri... » 15
La malattia dell'intelligenza....................................... » 21
Il trasloco delle virtù.. » 27
Il quaderno della cultura.. » 33
La vera bandiera... » 39
Cultura, svago e società di massa............................... » 47
Nipoti di ieri e nipoti di domani................................. » 53
Il discrimine del Novecento....................................... » 59
La nuova serie di "Riscontri"..................................... » 65

Appendice

Schiaffi e schiaffeggiati.. » 71
Discorso "inutile" sulle vacanze................................. » 73
Scrivere bene.. » 77
Dante, insaccati e affini.. » 81
Moda e bellezza.. » 85
La filosofia della gallina. Apologo............................. » 89

Indice generale

Come Costanza.. » 97
Tra giudizi e pregiudizi sul D'Annunzio.................... » 101

Indici
Indice tematico... » 109
Indice dei nomi... » 111

MARCO MERCATO, *Filarete e la città ideale. Politica e architettura nel primo Rinascimento*, il Terebinto Edizioni, 2019, pp. 163, € 15,00

Antonio Averlino, detto Filarete, è forse uno degli artisti del Quattrocento meno noti al grande pubblico. Nel suo trattato di architettura, in cui progettò una città ideale per il nuovo signore di Milano, Francesco Sforza, egli seppe esprimere una parte importante della cultura e del pensiero politico del suo tempo. A metà del secolo, dopo la pace di Lodi, iniziò ad affermarsi l'idea, alimentata dall'Umanesimo, che l'uomo potesse vivere in armonia con i propri simili e con il mondo. Ciò andò per certi versi di pari passo con l'ascesa di nuove forme di potere, che si stavano sostituendo alle istituzioni precedenti e avevano in parte bisogno di legittimare se stesse. Questi diversi aspetti confluirono nelle riflessioni sul tema della città ideale e sulla sua possibile e concreta realizzazione. Averlino, su cui questo lavoro si concentra, fu il primo a progettarne una per intero, ma durante quei pochi decenni, prima che le Guerre d'Italia rimettessero tutto in discussione, anche Leon Battista Alberti, Francesco di Giorgio Martini e Leonardo da Vinci pensarono, in modi e contesti diversi, allo stesso argomento.

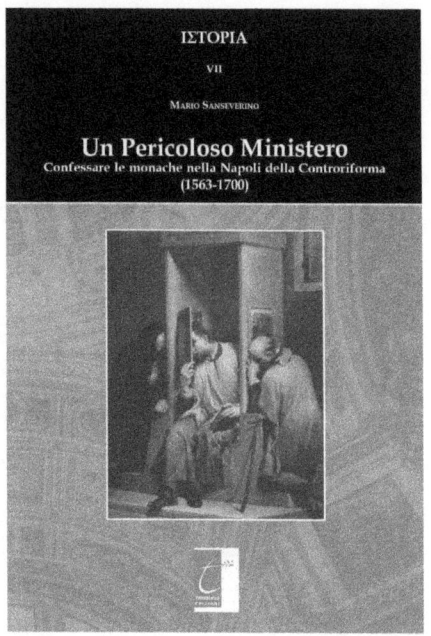

Mario Sanseverino, *Un Pericoloso Ministero. Confessare le monache nella Napoli della Controriforma (1563-1700)*, il Terebinto Edizioni, 2019, pp. 161, € 15,00

Nel Concilio provinciale di Capua del 1590 quello del confessore venne etichettato come un "periculosum ministerium", a indicare l'abilità richiesta da una pratica delicata come quella della penitenza. Durante il Seicento, la confessione dei peccati divenne infatti uno dei principali strumenti di disciplinamento utilizzati dalla Chiesa cattolica. Essa si avviò a diventare da pratica sgradita a momento di incontro e di scavo interiore fortemente ricercato, così come molti confessori si trasformarono da sacerdoti visti con sospetto, da cui rifuggire, in padri spirituali apprezzati e amati. In che modo avvenne questa trasformazione, apparentemente opposta alla stretta normativa emanata dal Concilio di Trento, ed in particolare quali furono i suoi effetti sulle istituzioni monastiche femminili, sono le domande a cui questo studio ha provato a dare una risposta. Allo stato attuale delle ricerche, consultata la storiografia disponibile sull'argomento ed esaminate le più significative fonti disponibili nell'Archivio Storico Diocesano di Napoli e nell'Archivio Segreto Vaticano, è stato possibile ricostruire, almeno per quanto riguarda la realtà napoletana, le fasi di questo mutamento.

Alessandro Ruffo, *L'Egitto e l'Occidente. Percezione dell'altro nell'Europa del XIX e di inizio XX secolo*, il Terebinto Edizioni, 2019, pp. 161, € 15,00

Considerato culla della civiltà, ma anche terra di barbarie e decadenza, l'Egitto, nel corso del XIX secolo, ha rappresentato per l'Europa uno specchio rovesciato in cui osservare e ammirare la propria presunta grandezza. Uomini politici, studiosi e letterati, provenienti soprattutto dalla Francia e dall'Impero Britannico, hanno, infatti, guardato all'Egitto come alla perfetta incarnazione della loro idea d'Oriente, offrendone un'immagine distorta e sostanzialmente negativa. Un'immagine che affonda le proprie radici in secoli di codificazioni, rigorosamente occidentali, alle quali la realtà stessa pare non avere alcun diritto di opporsi. Ma quali sono le sue declinazioni? E com'è cambiata nel passaggio da una mente all'altra? Questo lavoro nasce con l'intento di scoprirlo, approfondendo le diverse sfumature che l'immagine dell'Egitto ha assunto nei vari paesi europei e negli scritti dei loro più illustri cittadini prima che gli ingenti mutamenti politici del XX secolo favorissero un, almeno parziale, cambio di prospettiva.

Lorenzo Mori, *L'assedio di Vienna. Gli ottomani alle porte d'Europa e l'intervento polacco*, il Terebinto Edizioni, 2019, pp. 113, € 12,00

Quello delle armate ottomane fu un pericolo che continuò a minacciare l'Europa fino alla campagna militare del 1683, che culminò con il poderoso assedio di Vienna. Migliaia di tende, occupate da più di 100 mila soldati turchi, avevano circondato la capitale austriaca. Per quasi due mesi le sorti della città erano rimaste nelle mani di pochi difensori austriaci, mentre assalti, mine e cannoneggiamenti stavano per far breccia attraverso le mura.
Se Vienna e l'Austria fossero cadute l'Impero Ottomano avrebbe finalmente messo un piede al centro dell'Europa cristiana. Ma quando le sorti dello scontro sembravano arridere al gran visir ottomano Kara Mustafa, un esercito di liberazione cristiano, comandato dal re di Polonia Giovanni III Sobieski, raggiunse i sobborghi di Vienna per affrontare i turchi in campo aperto.
Il saggio analizza la situazione politica dei paesi coinvolti nello scontro, nonché nel dettaglio le loro strutture e tattiche militari, concentrandosi sulla potenza della Polonia. Infine vengono descritti l'assedio e la battaglia campale davanti alle mura di Vienna. Fonti storiche polacche, tedesche e ottomane arricchiscono la trattazione insieme ad alcune carte dell'epoca.

DARIO RIVAROSSA, *DANTE FANTASY. Vampiri, lupi mannari, elfi, draghi e altre cosette che per i lettori medievali della Divina Commedia erano ovvie*, il Terebinto Edizioni, 2019, pp. 112, € 12,00

Tra le pagine della Divina Commedia si nascondono folletti, streghe, draghi, vampiri, lupi mannari, spiriti-guida… "Si nascondono"?! Ma nient'affatto, sono lì sotto gli occhi di tutti. O meglio, erano sotto gli occhi di tutti nel Medioevo, quando bastava un'allusione perché il lettore cogliesse al volo l'indizio. I poeti del Rinascimento e Barocco, poi, si divertirono un mondo a sviluppare e rielaborare i lati fantasy di Dante.
Nella cultura scolastica italiana, però, la critica è stata troppo pesantemente condizionata dalle atmosfere romantiche e risorgimentali: gli amori maledetti di Paolo e Francesca, il titanico eroismo di Farinata degli Uberti, il patriottismo…
Per non parlare della cantica più sottovalutata di tutte, il Purgatorio. Adesso che il fantasy non solo è tornato di moda ma addirittura impazza, dai romanzi alla tv ai videogiochi, è il momento di dissotterrare i tesori sepolti del poema. Tanti episodi assumeranno un aspetto completamente diverso.

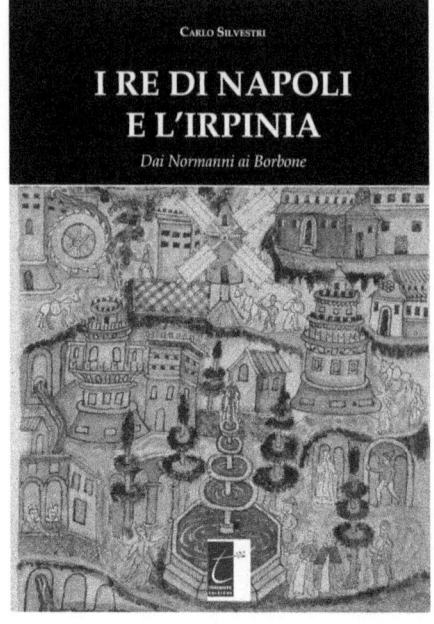

Carlo Silvestri, *I re di Napoli e l'Irpinia. Dai Normanni ai Borbone*, il Terebinto Edizioni, 2019, pp. 224, € 15,00

Fin dalla sua fondazione il Regno di Napoli esercitò un ruolo di primo piano nella storia politica e civile dell'Europa e dell'Italia. Un percorso di quasi 730 anni, ricco di avvenimenti nel corso dei quali la vicenda politica, economica, sociale e culturale delle regioni del Mezzogiorno subirà, sotto diverse dinastie, una serie di stravolgimenti e di cambiamenti che ne segneranno profondamente l'esistenza.
Tra guerre, pestilenze, terremoti, congiure, tumulti e sommosse l'Irpinia esercitò un ruolo di primaria importanza nella lunga vita del Regno. La sua posizione geografica, tra Tirreno e Adriatico, si rivelava infatti strategica sia nel controllo dei traffici e delle vie commerciali – soprattutto quelle del grano e della lana provenienti dalla Puglia – sia nello scacchiere politico e militare del Mezzogiorno.
Questo volume di Carlo Silvestri ricostruisce il rapporto fra l'Irpinia e i re di Napoli seguendo le tracce dei sovrani che, nell'arco dei secoli, hanno visitato Avellino e il territorio irpino ricco di castelli, di abbazie e di santuari come quelli di Montevergine e del Goleto.

Francesco Barra, *Il Regno delle Due Sicilie (1734-1861). Studie e ricerche (vol. I)*, il Terebinto Edizioni, 2018, pp. 273, € 15,00

L'intento di questo volume non è quello di costituire una nuova, organica e completa storia del Regno delle Due Sicilie nell'età borbonica, quanto piuttosto di ripercorrerne e affrontarne alcuni temi e argomenti, scelti sulla base dei particolari percorsi di ricerca dell'autore. Un impegno di studio e una ricerca d'archivio condotti ormai da alcuni decenni, in archivi italiani e stranieri, sulla base di fonti originali e inedite.

Il problema storiografico di fondo è quello costituito dal fallimento complessivo del tentativo di ripresa del Mezzogiorno; questo, avviato nell'età di Carlo di Borbone e di Tanucci, precipita drammaticamente nel tracollo del 1799, perdurando fino alla crisi finale del regno nel 1860. Momenti, come si sa, diversissimi, contrastanti e dagli esiti contradditori, ma in sostanza legati, nel lungo periodo, dal negativo risultato finale del processo storico della monarchia meridionale.

Maurizio Chiantone, *SOUND ART. Percorsi Della Creatività*, il Terebinto Edizioni, 2019, pp. 148, € 13,00

Il libro esamina lo sviluppo della sound art, pratica ormai consolidata e diffusa a partire dagli anni '50 intorno alla musica, l'architettura e le pratiche dell'arte mediatica.
A differenza di molti studi sull'organizzazione dei suoni nel tempo, nella sound art installazioni e performances hanno una forte correlazione con lo spazio e con il complesso di interventi necessari alla creazione di ambienti acustici ottimali; esse richiedono nuovi modelli progettuali per una scelta adeguata alle problematiche di localizzazione spaziale.
Le discussioni privilegiano spesso le descrizioni sui sistemi più adatti e sulle pratiche relative alla posizione del suono; qui vengono evidenziati i modi in cui i concetti di spazio sono socialmente, culturalmente e politicamente interpretati, e come le opere, elaborate e organizzate, riflettono e resistono a queste diverse costruzioni concettuali.
Attingendo ai presupposti teorici e all'esperienza di artisti scelti [per ovvi motivi solo alcuni fra i tanti], vengono proposte diverse tematiche che per le loro specificità di argomentazione, possono meglio avvicinarci ad una comprensione più vasta dell'arte del suono, dei luoghi, della visione del mondo.

RISCONTRI
RIVISTA DI CULTURA E DI ATTUALITÀ

fondata da Mario Gabriele Giordano nel 1979

Quando la cultura è attualità e l'attualità è cultura

È tornata "Riscontri", rivista di cultura e di attualità che – dal 1979 – rappresenta un luogo di largo e articolato confronto. Nella fede in una cultura che non sia strumento in rapporto a fini prestabiliti, ma coscienza critica della realtà.

Con una nuova veste grafica e tante novità.
Scopri di più su

www.riscontri.net

Abbonamenti

Per il 2019, Italia ed estero, € 50; Sostenitore, € 100

Bonifico bancario (IBAN: IT43X0306915102100000004716)
Paypal (ilterebintoedizioni@libero.it)

www.ingramcontent.com/pod-product-compliance
Lightning Source LLC
Chambersburg PA
CBHW051655040426
42446CB00009B/1153